新时代班组长履职能力开发与建设

新时代班组
建设丛书

周和平 主编

中国工人出版社

图书在版编目（CIP）数据

新时代班组长履职能力开发与建设／周和平主编. —北京：中国工人出版社，2022.11
ISBN 978-7-5008-7874-2

Ⅰ.①新… Ⅱ.①周… Ⅲ.①班组管理 Ⅳ.①F406.6

中国版本图书馆CIP数据核字（2022）第212964号

新时代班组长履职能力开发与建设

出 版 人	董 宽
责任编辑	习艳群
责任校对	张 彦
责任印制	栾征宇
出版发行	中国工人出版社
地 址	北京市东城区鼓楼外大街45号 邮编：100120
网 址	http://www.wp-china.com
电 话	（010）62005043（总编室） （010）62005039（印制管理中心） （010）82027810（职工教育分社）
发行热线	（010）82029051 62383056
经 销	各地书店
印 刷	北京市密东印刷有限公司
开 本	710毫米×1000毫米 1/16
印 张	15.75
字 数	211千字
版 次	2023年5月第1版 2023年5月第1次印刷
定 价	59.00元

编写委员会

主　编　周和平

副主编　张东辉　张浩亮

编　委　冯　娟　黄育德　宋　涵　杜长青
张望喜　周德建　陈　磊　龚钢华
宁　贺　杨树凡　王　冰　毕潇濛
欧阳思雨　高　杨　徐嘉堃　周晓伟
李　蜜　陈慕洁　刘　凤

PREFACE 前言

本书是一部以企业基层班组长为主要读者的探索性教材，在对企业班组长教育和培训体现时代性、把握规律性、富于创造性的方面做了有益的开拓性尝试。它全面系统地介绍了新时代班组长履职能力开发与建设的相关理论知识以及案例分析，突出地反映了新时代对班组长履职能力的新要求，即班组长要在新时代产生主人翁的责任意识，具有在班组凸显员工主体性地位、创造积极人际关系、领导所属员工有效实现组织目标的能力。

通过学习与培训，班组长应对自己的履职能力具有宏观完整、微观清晰的心理认知图景。班组长要在学习过程中将理论与事件、体验和经验产生呼应，在履职过程中能将自己的个性特征、个性倾向、行为习惯、管理风格和策略偏好转化为有效的履职行为方式。

本书既是一部学习教材，可供各类企业进行班组长教育培训时使用；又是一部普及性知识读物，可供企业广大基层员工自学；还是一部来自企业一线班组真实故事的案例集，可作为企业管理研究和教学中的案例库使用。

CONTENTS 目录

导论

面向新时代的班组长

INTRODUCTION

党的二十大报告指出：高质量发展是全面建设社会主义现代化国家的首要任务。高质量发展最终都要落实到经济建设上来。中国工人阶级是经济建设的历史责任主体。在经济建设的全过程中，班组长是中国工人阶级在企业实现生产力转换的关键人物。从某种意义上来说，中国企业班组长群体履职的职业效能与质量，决定着中国企业生产力实现的整体效能与质量。所以，新时代班组长在全党全国各族人民迈上全面建设社会主义现代化国家新征程、向第二个百年奋斗目标进军的过程中，有着更重要的角色，起着更关键的作用。

班组是在中国人语境中所创建的一个名词，顾名思义就是班和组的结合。班，在我国古代意义中是等级和位次的意思，在现代意义上则表示最小单位。组，古今之意都泛指因工作、研究和学习的需要，由若干人员组成的集体。班组作为企业的一级组织，位次意义消失，等级意义明确，处于企业基层。

可以从三个维度对班组进行定义：一是空间维度；二是时间维度；三是“自我”维度，即人的维度。从三个不同维度对班组进行定义，就会对班组的性质产生三种不同的理解。

如果以空间维度来定义，能对班组形成静态的抽象描述，即班组是企业基层的一个作业单位，是企业生产三要素——劳动者、劳动资料和劳动对象客观存在的地方，其价值决定了班组仅是企业基层最小的一个作业单位。

如果以时间维度来定义，能对班组形成动态的抽象描述，即班组是劳动者、劳动资料和劳动对象交互性组合从而产生生产力的一个过程，其价值决定了班组是企业生产力与竞争力实现的源泉。

通过空间和时间两个不同维度来定义班组，会产生不同的认知：从空间维度静态定义班组，会认为班组小，小到仅是企业的一个细胞；从时间维度动态定义班组，又会认为班组大，大到是企业生产力与竞争力实现的源泉。随着对企业基层与基层管理研究的不断深入，人们对班组的认知正在自觉或不自觉地从空间维度向时间维度过渡，由此逐渐确立了班组对企业的重要性与关键性的价值认知。

目前几乎没有从人的维度，即从班组成员（劳动者）的角度来定义班组的概念。从人的维度来定义班组，能对班组形成情感的抽象描述：班组首先是班组成员谋生的地方，其次是班组成员实现人生理想的地方，也就是他们实现自己的“中国梦”的地方。由于班组成员都是本真性地从自己感知的体验来认识班组的，所以他们的潜意识里首先是“我”及“我存在”，由此才形成“我做事”的显性意识，从而影响着班组生产的效能和质量。因此，从人的维度来定义班组会使我们对班组的性质产生更本质意义上的理解，同时对如何让班组在企业生产中发挥出更大的效能提出更有实践意义的举措。相信随着对中国企业班组建设的研究不断深入，从人的维度来对班组进行定义的概念将会出现。

从空间和时间维度定义班组，可以推导出班组长是管理者的角色，权重在“事”上；从人的维度定义班组，可以推导出班组长是领导者的角色，权重在“人”上。所以，对班组长本质角色进行客观的分析，需要厘清前提，才能得出符合班组长本质意义的客观描述，同时才能使班组长在企业中发挥更大的职业效能，将自己塑造成一名符合新时代发展要求的班组长。

管理的目的是提高绩效。然而，绩效产生的过程又分为被动产生、主动产生和创造性产生三种。管理的对象是事情。然而，事情又由人与物构成——在人与物的关系中，人始终是主体，物始终是客体，具有自由意志的人同样也存在着被动行为、主动行为和创造性行为三种行为方式。所以，我们始终要明白，是人在企业中劳动，人是主体并具有自由意志——绩效通过人的劳动才能产生，可以是被动的，也可以是主动的，而更高绩效的产生则来自创造性的劳动。然而在现实中，很多班组长却忘记了这一关键点，导致“见物不见人”。

问题在于，中国企业当下的管理理论基本上都是从西方引进来的，具有典型的西方理性特征。然而，中国人相较于西方人更注重感性特征，在管理实践上就存在一个“南橘北枳”的结构性问题。再加上“见物不见人”的管理模式又在中国企业普遍盛行，管理效能基本上呈现的是被动产生的绩效。所以，班组长在新时代履职的历史使命，就是要激发员工主动产生绩效，甚至产生创造性的绩效。

在新时代，中国企业班组成员所从事的劳动应该是让个人幸福、企业发展与国家富强相统一的劳动，新时代的班组长应该以“自我实现人”（即人都需要发挥自己的潜力，表现自己的才能，只有人的潜力充分发挥出来，人的才能充分表现出来，人才会感到最大的满足）的人性假设为依据和出发点，创新班组管理理念，设计新的班组管理方式，开展新的班组建设活动，在班组创造以人为本的工作、学习和生活环境，从而激发班组成员在劳动中的获得感和成就感，让其极大地发挥潜能来实现自我价值，同时也实现企业的价值。而这一切都有待班组长履职能力的提升，以适应新时代的发展要求。

基于此，新时代班组长履职能力的开发与建设，在理论学习上应该是“回归基础再前行”，在实践行为上应该是“提升素养向未来”。履职能力，一般是指个体有效履行职责所必需的主观条件，通过行为体现出来。既然新时代是凸显共同富裕、以人为本的时代，面向新时代的班组长的履职能力就应该注重以人为本，由此对班组长履职能力进行如下描述：班组长通过企业充分授权，在企业基层班组生产、经营或者服务活动中，具有运用制度、技术、管理、心理等工具和方法，在班组创造积极的人际关系，领导所属成员有效实现组织目标的能力。

班组长履职能力的特点是在具有专业技术能力的基础上，在履职过程中能改变或者调和班组成员的立场，将班组成员的价值需求与企业的价值需求协调一致，促使班组成员从企业发展与国家发展的立场看待问题以及实现个人价值需求，并在实践中规范自身行为，使之符合企业发展与国家发展的需要，从而达到个人价值需求与企业、国家发展需求相统一。基于此，也就决定了班组长建设履职能力应该以情感投入为基础，以理性管理为辅助手段，帮助和指导班组成员理解与领悟班组工作对自己的积极意义，从而使其作出正确的价值判断与态度选择。

班组长与所属班组成员人际关系的良性互动，是新时代班组长履职能力建设的关键点。这是因为班组长是企业的一线管理者，直接管理非管理人员（班组成员），而班组长以上的管理者，都是间接管理非管理人员。基于此，班组长的角色性质与地位决定了班组长基本上是从企业的立场看待班组中的人和事，而员工却是从自身立场看待班组中的人和事。由于看问题的立场不同，班组长和班组成员必然会对班组中同一个问题或者事件产生不同的看法，并很容易导致矛盾冲突。所以，班组长必须具有改变员工立场并创造积极人际关系的履职能力。

西方管理理论对管理者的能力及能力结构具有多种阐述与分类，然而对于中国企业的班组长来说，学习并掌控这些知识具有一定的难度，也没有完全的必要性。实质上，班组长的履职能力，通过履职行为主要作用于三个方面，即自己、事物和其他人。基于此，我们对班组长履职能力结构进行了如下界定与描述。

一是学习能力，即与“己”之间的关系以及自我进步。

二是技术能力，即与“物”之间的关系以及事务管理。

三是管理能力，即与“人”之间的关系以及人际互动。

学习能力是指班组长为胜任班组长职位不断进行自我完善的能力；技术能力是班组长要胜任职位所必须具备的基本素质与基础条件；管理能力是班组长在履职过程中与班组成员形成良性互动并创造积极人际关系的能力。通过培育这些履职能力，将有效扩大班组长履职行为的自由度，使之成为激励班组成员、改善班组环境、提高班组生产效率的支配力量。

在培养班组长履职能力的过程中，班组长管理能力的培养比技术能力的培养要困难。因为技术能力可以通过制定标准和标准方法，在量化的基础上模仿学习、在实践中巩固提高，而管理却无法做到这一点，只能给予班组长原则性的方法指导，需要班组长在实践中体悟。因此，在对班组长履职能力培养的过程中，如何使其将管理知识内化为管理能力是重点，也是难点。

能力是人的认知与行为的有机结合。所以，要提升或者改善班组长的履职能力，不仅要求班组长对“知”的理解，更重要的是“行”的改变，即先改变思维观念与心态，从而改变行为方式。本书从班组长固有的班组管理实践经验出发，让班组长通过理论学习，知道为什么要这么做、做什么、怎么做，并在做的过程中将理论与实践相结合，将体悟到的思维观念与自身的个性特征、行为习惯、管理风格和策略偏好相结合，转化为有效的履职行为方式。

现代心理学告诉我们，人的智商基本上是恒定的，而情商通过正确的学习与培育是可以良性发展的。班组长履职能力的提升或者改善有赖于班组长的情商。因此，要使班组长有效履行职位要求，提高情商是关键。班组长履职不是单向的线性行为，而是一个与组织和员工双向互动的过程，所以班组长在履职过程中，要重视人际互动关系中的情爱、尊重、宽容、信任、自由、自尊和诚实理念，并体现在履职行为过程中。

“个人只有通过置身于所处的时代之中，才能够理解他们自己的经历，并把握自身的命运。他只有变得知晓他所身处的环境中所有个人的生活机遇，才能明了他自己的生活机遇。”这是社会学家米尔斯的名言。中国企业的班组长们置身于中国特色社会主义新时代，在新征程中被赋予全面建设社会主义现代化国家、推进中华民族伟大复兴的历史重任，在这广阔的历史舞台上，责无旁贷地带领全体班组成员为了实现“中国梦”和自我的人生理想而奋斗。在奋斗的过程中，应该让每一个班组成员体现出自我存在的价值，从而活出生命的意义。做到如此，产生创造性的绩效将是必然的结果，而每一个班组成员都将为实现中华民族伟大复兴贡献出智慧和力量。

第1篇

学习能力

CHAPTER 1

古希腊哲学家亚里士多德在《形而上学》一书的开篇说道：求知是人类的本性。学习就是求知，是人类的天性，是人类在社会实践和认知实践过程中获得经验和知识，认识和掌握客观规律，从而获得发展、文明和进步的社会活动。

人的学习具有社会性行为与个体性行为的双重属性。从个体性行为的角度来看，学习就是接受环境的刺激，与环境相互作用，经过内化，获得感知和经验，通过强化练习，使人的潜在反应能力发生较为持久的变化，并能外化为行为表现的过程，同时也包括对认知、情感、态度、信念的改变。从这个意义上说，学习是一个包含人类生命成长全过程、促进人类未来发展的大概念。

人类的学习能力是无与伦比的。学习能力是人类所有能力的基础，培养学习能力是使学习的欲望、意志、方法和技巧成为习惯的过程。班组长的学习能力培养是指班组长根据自身素质和学习活动的需要，为适应岗位履职要求而进行的能力开发和建设，从而更有效地履职。学习能力侧重于班组长与“己”之间的关系以及自我进步，因此，提升班组长学习能力的主要内容包括提升自我意识、提升自我管理能力和提升自我超越意识。

第 1 章

提升自我意识

学习目标

能进行自我认知，根据心理活动倾向区分内倾向性与外倾向性，理性和感性的心理活动机能。

能进行他人认知，分析班组成员不能完成任务的原因是工作态度还是工作能力。

能进行角色认知，理解和运用班组长的职权、职责、职能和职位。

心理学认为，意识是人的头脑对于客观物质世界的主观反映，也是感觉、思维等各种心理过程的总和。通过意识，我们可以从记忆里重新获取与某一经历有关的事实、想法、情感和记忆，并将这些内容用“思考”的形式整合起来。自我意识是意识的一种形式，指主体对自身的意识。自我意识不仅是人脑对主体自身的意识与反映，还反映人与周围现实之间的关系，因为人的发展离不开周围环境，特别是人与人之间关系的制约和影响。

自我意识会体现在一个人看自己、看别人和看世界的方式上。对班组长来说，重视自我意识的意义不仅在于能更好地调节自身的状态、行为、情感和意志，还可以认识并了解“自我”与他人的差异，从而具有更强的洞察力，与班组成员建立良性的互动关系，更好地履行班组长的职务。具有积极的自我意识的班组长往往心理健康、工作效率高、管理工作做得好。自我意识的主要内容包括自我认知、他人认知与角色认知三个方面。

一、自我认知

现代心理学认为，自我由主我与宾我组成。主我是指自我积极体验世界（如感知、思考或感觉）的那一面，具有独特性、统一性和持续性。宾我是指我们所注意、思考或感知到的自我（如当你思考自我时，“我”就是一个对象），影响着我们进行信息处理的方式。

自我认知包含了对主我与宾我的认知，是自我行为、自我调节、自我控制的基础。班组长只有了解自己，才能改善自己的不足，也才能更好地理解他人。进行自我认知有两种途径：一种是内省，即观察自我；另一种是“照”别人的“镜子”，即通过与别人比较来认知自我。

人的本质差异体现在人的性格上，即个体在不同的情况下、不同的阶段都能保持相同的心理品质和心理特征，这也是认识自我和他人的基础。就心理活动倾向方面而言，人的性格特征可分为内向和外向两种类型；而在心理活动机能方面，则可分为理性和感性两种类型。将两方面结合起来，则可形成自我性格认识的四个象限：内向—理性、内向—感性、外向—理性、外向—感性。班组长可以通过自我分析，从总体上判断并掌握自己的性格特征。

班组故事

从退伍军人到优秀班组长

抚顺石化公司“全国劳动模范”、“全国工人先锋号”班组的班组长边江讲述了他30多年来当班组长的经历：

我上学时当班长，在部队服役5年当班长，退伍后在企业工作30多年还是当班组长。一些老同学、老战友替我打抱不平，觉得我那么优秀，一直干到退休，最后也不过是个班组长。

不过我周围的人还是很佩服我的——我从一名退伍军人，到进入公司生产装置车间工作几年，就成了班组长、技术状元，又评上了技师、高级技师职称，成为技能专家，还被评为“辽宁省劳动模范”。当然，在很多人眼里，我本该向上继续发展，但我当了这么多年的班组长，还是乐在其中。

1989 年，我从北京部队退伍后，于同年 7 月入职抚顺石化公司石油一厂。我曾是一名电焊工，也是一名劳动纪律督察员，1992 年又脱产在职工大学读了 3 年书。1995 年毕业后，我来到了石油一厂新建的酮苯脱蜡脱油装置车间，一干就是 25 年。

1998 年，我由副班长一职升任班长。那时候，厂工会经常组织生产竞赛，车间根据经济责任制考核的成绩发放奖金，我带领班组成员从节水、节电、节气入手，经常在竞赛中脱颖而出。当时我们的工作目标很简单，就是要在竞赛中把车间的其他 4 个班组打败。在短短 2 年时间里，我们班先后被评为厂和公司的先进班组，我本人也获得了公司“模范班组长”的荣誉称号。

在抚顺石化公司开展了一系列轰轰烈烈的班组建设活动后，我终于有机会走出车间，结识了更多的领导和班组长，开阔了眼界，提高了思想境界。从那时起，我的团队意识开始从班组扩大到车间，再扩大到企业。我第一次从灵魂深处体验到“一枝独秀不是春，百花齐放春满园”的道理，陆续开始和大家分享一些好的工作方法。10 年间，我们班组从一个普通的班组，一跃成为“全国工人先锋号”班组、“国务院国资委红旗班组”“中油集团优秀班组”。我本人也获得了企业劳动模范、技术状元以及“中油集团优秀操作能手”“辽宁省劳动模范”等荣誉称号。

2005 年，公司成立了班组长协会，我被推选为会长，对自己的能力有了本质上的认识。以前我觉得自己很厉害，但随着时间的推移，我发现自己还欠缺很多能力，所以我养成了主动学习的习惯。在成为集团公司技能专家之后，我参加培训的机会越来越多，在与大家分享成长经历的同时，自身也取得了明显的进步。

炼化企业的生产工作具有高温高压、易燃易爆、自动化程度高、连续化生产等特点。作为生产一线的班组长，把工作做好并不是一件容易的事。白班的时候，领导们都在，班组长就是班组长；夜班的时候，没有领导，班组长就不只是班组长，还要全权负责设备安全。当夜深人静、生产平稳的时候，员工难免会犯困，尤其是只有一个人在岗时，劳动纪律很难保证。那时候，我经常凌晨三四点在各个岗位巡检，发现有睡意的员工就找话题聊天。后来有人告诉我："你不用来了，现在在家睡到三四点钟我都激灵一下醒了。"

在过滤岗位有一位叫刘成顺的老大哥，他每次温洗滤机的时间都很长，不仅影响系统，造成波动，还影响产品质量。我去找他谈这件事情的利害关系，他根本不听，说只负责把滤机洗干净，其他事情都跟他没关系。我当时就急了，跟他吵了起来。事后经过了解我才知道，刘师傅一直以为只有长时间的温洗才能把过滤机彻底清洗干净。在我主动和他道歉之后，我们一起研究出了温洗过滤机的最佳方法，既缩短了操作时间，又保证了产品质量。为此，刘师傅给我起了一个外号叫"边驴子"。

为了增强班组成员的团队意识，我组织员工在工作中遇到问题时互相帮忙；生活中谁家遇到困难，班组成员都能全力以赴地出手援助。休息的时候，我经常带大家去徒步登山锻炼。南口受灾后，我带领大家深入灾区，为灾区人民服务，捐赠衣物。

我从来没有想到自己能成为"全国劳动模范"，2020 年 11 月 24 日中午从人民大会堂走出来时的激动心情，还犹在昨日。我当时想起了一位朋友曾经劝我说：作为一名工人，别再玩儿命工作了。老实说，我并不觉得我在玩儿命，只是认真工作。我没有什么远大的目标，只有一个要求：用心地做事，享受成果带来的满足感；快乐地生活，获得更多美好的人生体验；睡得安心，对得起组织，对得起自己的良心。

点 评

班组长边江通过内省和调节自我情绪，进行了自我认知，提升了自我效能。

（1）自我认知首先需要内省

内省是通过观察自身的主观体验及变化，反思自身的内心体验及活动，以协调“我”与他人、与社会的适应性。在内省过程中，可以思考两个方面：一是现实的自我是怎样的；二是理想的自我是怎样的，从而看到差距，形成人的内在动力。因此，内省是一种非常健康的心理状态。例如，边江获得“全国劳动模范”后，就反思了自己做出的人生选择是否正确。这也说明，当生活发生重大转折时，人们往往会自我反省，寻求自我认知，从而做好走出困境或者超越成就的心理准备。

（2）调节自己的情绪，创造良好的人际关系

人们不能凭自己的意志来控制情绪的唤起，但可以通过意志来调节情绪的激发程度。边江当时一着急，就和刘成顺大哥起了冲突，但调节情绪后跟刘成顺主动道歉。班组长应该了解自己的情绪被唤起后是否具有适当的控制与调节能力。一个情绪经常失控的人，显然是一个情商不高的人。情绪总体上呈现出明暗两极的倾向，如爱与恨、喜与厌、乐与悲等。班组长应该有意地唤起一些亮色情绪，在暗色情绪被唤起后要适当地控制和调整，这样才能更好地履职。

二、他人认知

他人认知是通过感知他人的言谈举止、行为表情等外在特征，进而推测和了解他人的内在心理状态和性格特征，即听其言、观其行而知其人。对于班组长来说，认知他人是很重要的，因为要用人之长、避人之短，这样才能够做到

知人善任而使人尽其才。但是要做到这一点并非易事，因为班组长的自我认知结构会影响其对他人的认知，也会掺杂许多主观因素。因此，班组长对他人的认知，是与自我认知相互依存、相互比较的结果。

如上所述，班组长既然能够通过四个象限认知自己，自然也能通过四个象限认知他人。例如，在正常对待班组成员的基础上，如果班组成员有“内向—理性”的性格偏好，应注意保护其自尊心；如果班组成员有“外向—感性”的性格偏好，应注意防止其有恣意行为。

班组长在进行他人认知时，还应该具备分析班组成员为什么没有完成任务的能力。班组成员完成工作任务取决于态度和能力，二者缺一不可。因此，在正常情况下，班组长要区分班组成员完不成任务的主要原因是工作态度问题，还是工作能力问题。工作态度可以通过引导来改善，工作能力可以通过培养来提升。

班组故事

德国专家在质量上“不通人情”二三事

阿罗原名罗茨维格，来自德国，出于对中国的好奇和对工作的热爱，被派往中国某机车公司担任质量主管。他与技术、管理、操作人员打成一片，大家都叫他阿罗。德国人做事严谨的特点在阿罗身上尤为突出。只要阿罗觉得质量控制环节出了问题，就会毫不犹豫地说“不”，并拒绝签字。

事件之一：你如何知道12点可以做完？

有一天，阿罗来到焊接三维检测工序巡查，看见小蔡师傅正在认真地做着检测工作，而且做得非常标准。这道工序一直拖欠整条生产线的进度，小蔡连夜加班，好不容易才把拖欠的进度赶上。阿罗看着这一幕，心里暗自赞叹。然而，当阿罗在翻看工作记录单时却发现：当时是11点多，但这个工件的完成时间已经填上了12点。阿罗马上问小蔡：“你如何知道12点可以做完？”小蔡说："按照进度，12点可以完工。"原来，因为工件生产批量大，小蔡将几个工件的生产记录单集中填写，并将还没有完工的工件的完成时间也提前填到了记录单上。

阿罗二话没说，立刻向车间主管领导汇报情况，要求对小蔡做下岗处理，并提出完善和严肃生产纪律的整改措施。班组里的一些成员觉得阿罗小题大做，小蔡很辛苦，不应该受到这样的处罚，但阿罗始终坚持自己的意见。最后车间对小蔡做了下岗10天的处理，并出台了《生产记录单填写考核办法》。

在质量事故分析会上，阿罗发表了一篇关于质量责任的演讲，让员工意识到原始生产记录真实的重要性：如果出现问题，能通过记录的时间找到责任人。每个人都要对自己的工作质量负责，这样才能保证质量的可追溯性和可控性。

事件之二：洋专家不给土专家面子

焊接构架班班组长唐技师从事构架焊接工作10多年，解决了许多技术难题，被评为班组技能专家。阿罗来到公司后，唐技师与他颇对脾气，相互关系处理得也不错，两人晚上还不时相邀到小吃街一起喝喝啤酒。

有一天，唐技师正在组装侧梁上的减震器座，阿罗巡视到他的工位前，绕着工作台转了一圈，忽然发现了问题。他立刻找来负责安装垂向减震器座的工程师，问道："在安装垂向减震器座之前，侧梁上的所有焊缝不是都应该焊好吗？为什么这条焊缝没有焊？"工程师检查后发现，果然有一条焊缝被焊工漏焊了。原来，为了赶工期，唐技师没仔细检查垂向减震器座。唐技师立即停止安装，把垂向减震器座拆下来，然后把焊缝补上，以为问题就这么解决了。

然而阿罗并没有给他面子。阿罗虽然平时和唐技师关系不错，可是在工作质量上，他从来不讲私人交情，说翻脸就翻脸。他坚持把这件事上报车间，要求按照相关规章予以处罚。结果，唐技师受到了车间的通报批评。

事件之三：该表扬的人，却受到了重罚

在阿罗看来，李技师的技术水平和敬业精神都是一流的。对于难度较大的试件，李技师能一次性焊接完成15件，而且每一件的质量都很好。阿罗对此竖起了大拇指，认为他的技术水平很高。

在检查底架时，阿罗发现一块顶板有点短，立即询问原因。原来，前一道加工工序把一块板料的尺寸做小了一些，细心的李技师发现这个问题后，立即采取了补救措施。凭着多年的工作经验，他把与这块板料相配的顶板的尺寸稍微加长了一些后焊了上去，使之符合要求。虽然李技师曾因多次解决质量问题和技术难题受到车间的表彰，但是阿罗对其违规改尺寸这件事不认可，提出一定要给予处罚，还要加重处罚。

阿罗认为，李技师善于发现质量问题本身没错，可他不仅没有立即上报，还擅自修改尺寸，这本身就是不对的。因为这样会掩盖上一道工序的质量隐患，而且操作者没有权利擅自改变工件尺寸。阿罗叹了口气，说道："当发现设计问题需要修改时，不能随意行事，必须向公司总部通报，寻求技术专家的意见来解决。"

点 评

阿罗的故事告诉我们，认知他人，一定是通过你、我、他的思想和行为进行比较的结果，不仅认知了他人，还更深刻地认知了自己。

（1）人与人之间存在差异性，应该扬长避短

由于文化的差异，德国人阿罗与中国人的处事风格有较大的差异。面对同一件事，他与中国人的思维不尽相同。因此，通过比较，我们既认知了他人，也认知了自我。在存在差异性的情况下，应该扬长避短，形成互补。例如，小蔡、唐技师和李技师都因违反流程而受到了教育，企业也采取了相应的整改措施。

（2）管理中要情理兼具

阿罗无疑具有外向—理性的性格特征。在情感上，他是外向的，与小蔡、

唐技师和李技师都是好朋友，特别是“唐技师与他颇对脾气，相互关系处理得也不错，两人晚上还不时相邀到小吃街一起喝喝啤酒”。但在处理事情上，他是理性的。“阿罗虽然平时和唐技师关系不错，可是在工作质量上，他从来不讲私人交情，说翻脸就翻脸。”虽然理智告诉我们，阿罗做得对，但在中国的企业文化氛围下，可能面对同样的事情，将会是不同的处理方法。班组长可参考阿罗情理兼具的方式来认知他人，并以此来培养班组成员。

三、角色认知

角色认知是班组长对职权、职责、职能和职位等方面的认识，具体如下。

班组长的职权包括八项：一是组织和管理班组的生产经营活动；二是根据生产经营活动需要调整班组团队；三是根据企业规章制度制定班组工作的实施细则；四是拒绝违章指挥和制止违章作业；五是向上级提出对班组成员的奖惩建议；六是按照企业内部经济责任制的规定，对班组奖金进行分配；七是推荐班组优秀成员学习深造、提拔和晋级；八是维护班组成员的合法权益。

班组长的职责包括根据企业的经营目标和车间的生产计划，合理有效地组织生产或者经营活动，保证全面均衡完成生产任务或者经营活动，做到优质、低耗、安全和文明生产。

班组长的职能包括四项：一是生产指挥作用，能按作业计划均衡组织生产；二是管理组织作用，能把各项基础管理工作严密科学地组织起来，以保证作业的效率与效益；三是队伍领导作用，能充分调动班组成员的积极性；四是关系协调作用，能调节上下级之间、班组之间、班组成员之间和工序之间等内外部关系。

班组长的职位与班组在企业中的地位相联系。班组是企业基层的一线作业单位，班组长是企业基层的一线管理者。

班组故事

重新认知班组长

20 多岁的莫国兵被任命为攀钢集团成钢公司连铸二车间丁大班班组长。消息一出，车间内外便议论开了。

丁大班班组共有 50 名员工，面对新工艺、新流程，当时的班组长由于技术能力跟不上生产形势的发展，带领班组成员作业非常吃力，于是主动提出辞去班组长职务。

上任前，车间领导叮嘱莫国兵："你技术一流，又有闯劲，你的任务是要尽快扭转生产被动局面，抓好安全生产，带好队伍……"莫国兵接受了这个任务，成了一名基层管理者。他深知这份责任的分量，上任之初，便制定了一系列严格的班组管理制度。用他的话来说，就是严惩立威，责罚立信，只要自己率先垂范，肯定能培养出一支优秀的班组队伍。

然而几个月后，尽管莫国兵使尽了浑身解数，他所带领的丁大班班组依然表现平平。由于管理太严格，班组成员虽然小心翼翼，生怕出什么差错，但事与愿违，还是发生了几起生产事故。莫国兵一律严惩不贷，对班组成员给予严厉的经济处罚。员工们辛辛苦苦干了几个月，却因为不断地受到经济处罚而减少收入，大家情绪低落，怨声载道。

有一天，莫国兵接到报告称中间包钢水温度过低，建议停机半个小时后再恢复生产。一心想着扩大生产规模的莫国兵决定继续用引流管浇铸，并亲自上机操作，结果连铸机漏出的钢水凝固了结晶器，造成了停产 6 个小时的重大生产责任事故。当月考核，全班人均被扣了 200 元奖金，他本人也受到车间领导批评。

有一次，为了加快生产进度，小曹和师傅老刘一起，将起吊用的钢卡子摘了下来，放在了钢架结构的翼缘板上。天车司机起钩时，其中一只钢卡子滑落到了钢架结构的侧面，挂在了翼缘板上。小曹看到后去摘钢卡子，导致钢架结构倾斜。小曹想要躲闪已经来不及了，他的右脚被砸中，就医后被诊断为右脚趾粉碎性骨折，手术后小曹的右脚前端部分被截除。

接连不断的错误和深深的自责感折磨着莫国兵，他没能完成车间领导交给他的“抓好安全生产，带好队伍”的目标任务，于是写了一份辞职报告，申请到甲班做一名普通的操作工。

哪里跌倒就从哪里爬起来！莫国兵痛定思痛，一方面苦练操作技能，一丝不苟地干好本职工作；另一方面，他买了许多班组管理方面的书籍，一有空闲就“啃”，还仔细观察和琢磨厂里优秀班组长的管理方式。

第二年，莫国兵被任命为连铸二车间丙大班班组长。上任后，他一头扎进了班组里，闲暇的时候，总是和大家聚在一起，了解他们的想法，征求他们的意见。

经过一段时间的摸索和实践，莫国兵提出了班组管理的“三建”管理理念：以铁的纪律建“班”——操作规程一丝不苟，安全隐患一毫不放，生产指标一点不松，产品质量一分不让；以浓厚的学风建“校”——学习时事定时间，学习文化挤时间，学习业务抢时间，互帮互学随时间；以和谐理念建“家” 工作有困难重点帮，学习有困难专人帮，家庭有困难集体帮，生活有困难互相帮。

车间连铸方坯脱方质量问题多年来一直困扰着班组，年成本损失达 100 万元以上。莫国兵在班组里开了一个“诸葛亮会”，发动大家出谋划策。经过多次试验和探索，班组发明了“方坯脱方在线纠偏技术”，使车间每月脱方废品量减少 80%。他组织技术骨干组成“钢包事故攻关小组”，成功地总结出了“一装、二调、三试、四润滑、五互查”的钢包运行“五步操作法”，并在全厂推广，使事故由月均 3 起下降到 1 起。在莫国兵的努力下，连铸二车间丙大班发生了翻天覆地的变化，创造了连续 6 个月无任何生产事故的炼钢厂历史最佳纪录。

点　评

班组长莫国兵在第一次当班组长失败后，对班组长的角色进行了重新认知。

（1）保证安全生产是班组长角色的首要职责

每名员工在上岗前都要接受安全教育和培训，班组长莫国兵和他的班组成员也是如此。但调查显示，企业的安全生产事故 90% 以上发生在班组，其中人为因素占 65%、管理因素占 25%，而物的因素仅占 10%。因此，人的主观安全意识决定了班组事故发生的概率。丁大班发生安全生产事故就是因为主观安全意识不强所导致。在安全生产中，班组长面临的最大挑战是主观上认为存在安全隐患，而证实隐患将与完成生产任务发生时间冲突。这个时候，应该“宁可信其有，不可信其无”。因为生产任务完不成的结果可以逆转，而安全生产事故所造成的后果是不可逆转的，并且同样会造成完不成生产任务的结果。因此，班组长的首要职责就是保证安全生产，明确自己是安全生产的第一责任人，在班组建立持续唤起成员安全意识的机制和环境。

（2）用心做事、用情待人

班组长管理班组不外乎两个方面：一是管事；二是管人。既然对象不同，班组长采取的管理方式也应该不同，这样才能达到更好的管理效果。简而言之：对事的管理，班组长应该用“心”，即理性面对；对人的管理，班组长应该用“情”，即感性面对。

莫国兵第一次当班组长失败，是因为缺乏用情待人的态度。用心做事是做好班组长工作的基础，在此基础上，形成用情待人的行为方式，班组成员自然会与班组长“心”同此理、“情”同此意，构成班组良好的环境氛围，使班组成员在班组劳动中获得愉悦感。

（3）要创建公平公正的班组环境

班组长应注重班组内部的公平公正，主要体现在分配公平和程序公正两个方面。班组成员不仅关心自己的分配结果，也关心别人的分配结果，也就是关注个人努力所得到的报酬与别人得到的报酬之间的比较关系。当一个人感到自己的分配结果和劳动投入之比与他人的这项比值相等时，就有了公平感。否则，就会产生不公平感。程序公正是指只要程序及过程正当，其结果也是正当的——规则面向所有成员，谁也不知道结果是好是坏，所有参与者都严格遵守规则和程序，所以无论结果如何，都会被认为是公正的。也就是说，公平感的产生取决于程序，而非结果。班组长莫国兵在班组提出的“三建”管理理念，就是在班组中创建了一个公平公正的环境。

既然分配公平与班组成员的个人主观判断有关，那么一般人往往会高估自己的投入，低估别人的投入，从而容易产生不公平感。要想有效地避免和消除班组成员的不公平感，最好的办法就是保证程序公正。

本章思考题

1. 什么是自我认知？试讨论为什么通过内省可以实现自我认知。

2. 什么是他人认知？试讨论为什么通过四个象限可以认识自己，也能认识他人。

3. 什么是角色认知，试讨论班组长的职权、职责、职能和职位内容。

4. 试讨论班组长如何有效调节自己的情绪，以创造良好的班组人际关系。

第 2 章

自我管理

学习目标

能进行时间管理，区分重要—紧急、重要—不紧急、不重要—紧急、不重要—不紧急四象限事项。

能进行压力管理，分析良性压力与有害压力，消除有害压力，保持良性压力，培养组织弹性。

能进行问题管理，识别问题、定义问题、制定方案、实施方案、反馈结果，有效解决问题。

能进行行为管理，根据履职要求约束规范自己的履职行为，做到用心做事、用情待人。

班组长必须先了解并能够管理自己，才能进行团队管理。如果班组长能把自己管理好，那么班组长的履职能力建设和班组管理工作就迈出了可喜的一大步。

自我意识直接作用于个体行为，而自我管理则是基于自我意识，即班组长对自身思想、心理和行为的主观能动性进行调控和规范，使之适应与符合履职要求。在此意义上，我们从自我效能感的角度来探讨班组长的自我管理，也就是如何能更有效地履行班组长的工作职责和工作要求。

自我效能感由美国心理学家班杜拉提出，是指个体在特定情境中对能否完成某个行为的预期，除了有结果期望外，还有一种效能期望，即人们对自身能否利用所拥有的技能去完成某项工作行为的自信程度。自我效能感的定义告诉我们，效能并非人的技能，而是人的一种生成能力。也就是说，充分发挥人的能力，既需要技能，又需要有效运用技能的自我效能信念。因此，班组长自我管理的基础应该是自我效能感。

班组是企业的基层作业单位，企业的各项管理工作和管理内容最终都要通过班组落实到每个岗位和个人身上，其中的转换者就是班组长。“上面千条线、下面一根针”是对班组长工作最形象的比喻。班组长的工作“细、小、实、全、繁、碎”，具有随机性和突发性。这一切都使班组长在履职过程中面临许多问题和压力。因此，如何合理地利用时间、有效地缓解压力、高效地解决问题和培养职业习惯是班组长必须要学习和训练的方面。基于此，班组长的自我管理包括时间管理、压力管理、问题管理和行为管理。

一、时间管理

时间管理是指班组长根据履职的性质和特点，运用科学、合理的方法和技巧，进行安排、实施、评估、反馈等一系列的管理过程。在现实中，多数班组长面临着时间紧张但又经常大量浪费时间的窘境。出现这种情况有客观原因，但主要是主观原因——不善于合理、有效地利用时间。

西方人根据帕累托原则将事项的轻重缓急按照重要度和紧迫度划分为四个象限：重要—紧急、重要—不紧急、不重要—紧急、不重要—不紧急。班组长可以根据这四个象限来安排处理事项的优先次序，合理有效地利用时间。

首先，班组长要对事项的重要程度进行理性分析。由于班组长的工作是“上面千条线、下面一根针”，所以分配给班组长的工作都会被认为是重要—紧急事项。但真正的重要—紧急事项是指在垂直生产链上必须完成的任务以及影响整个团队任务完成的事件。对于班组长来说，最大的挑战就是说“不”——在面对重要—紧急事项时，要学会拒绝那些不重要—不紧急的工作，始终坚持要事第一的原则。

其次，班组在企业中的地位决定了对班组长的工作时间具有刚性要求，班组长在事项紧急性维度上的选择余地较小，同时处理多个重要事项的能力又有限。因此，班组长必须具有授权观念，而且在授权的过程中，要让班组成员重视事项的重要、紧急程度。

最后，班组长还要有两个重要认识：一是把主要精力放在重要—不紧急的事项上，这些事项一般都是班组建设方面的问题，能起到未雨绸缪、防患于未然的效果；二是要尽量避免由于自身管理不当出现太多不重要—紧急事项。当出现外因导致的不重要—紧急事项时，要尽量回避，因为这些事项大部分是应别人要求的应酬性事件。

班组故事

荣誉背后的时间管理故事

在庆祝神舟载人航天飞船安全返航的日子里，中国兵器西安东方集团有限公司某零件加工厂数控车班的员工们更是兴奋异常，因为他们直接参与了飞船返回舱某零件的加工任务。在这欢庆的时刻，数控车班班组长徐丽却陷入了沉思。

那一天，徐丽正在参加公司组织的“时间管理”培训班，突然接到厂部的电话，让她立即终止培训，赶回班组。原来数控车班接到紧急生产任务，要求在短时间内加工出一批高精度零件。徐丽根据自己学过的时间管理知识，马上联想到这是班组当前的重要—紧急事项。

回到班组后，徐丽根据图纸确定了加工方案，安排 4 名调试人员进行分序调试。当调试人员告知徐丽一切准备就绪后，操作人员却告诉她：“在加工过程中，零件的一个关键尺寸无法测量，必须使用公司自制的非标量具R001-78。不过，这件量具存放在库房里，一时半会儿也找不到。”

这真是急中生乱。这种量具是非标产品，由公司工具分厂自行设计制造，市场上根本买不到。如果让工具分厂再做一套，哪怕24小时不吃不喝、不眠不休，也要10天时间才能完成。徐丽一声令下，带领全组人员再次进入库房，从下午4点到晚上8点，把库房翻了个底朝天，仍不见R001-78号量具的踪影。

所有人都累得瘫坐在地上，绝望之情难以言表。一向倔强的班组长徐丽此时也感觉到了巨大的压力。如果找不到量具，班组的工作就无法继续进行，完不成任务该如何交代？——徐丽苦涩地想着，当下的重要—紧急事项变成寻找R001-78号量具。

在寻找量具的过程中，徐丽一直在思考：“问题出在哪里？有没有彻底解决问题的办法？现在最重要的是先找出R001-78号量具以解燃眉之急，以后一定要有彻底解决问题的办法。”情急之下，她只能第三次下达命令，让神色疲惫的班组成员继续寻找。这一次，她急中生智没有安排在库房找，而要求大家赶快查找各自的工具柜。最后，一个员工在不起眼的柜子里发现了该量具。找到量具后，生产和加工流程立即恢复了正常。经过班组成员的连夜奋战，按时保质完成了生产任务。

为了避免类似事件再次发生，从时间管理角度“重要—非紧急”事项必须持续进行。说干就干，班组成员利用两个周末时间，自愿加班将所有工具、夹具、量具分类摆放，并统一规范了刀具、辅料等物品的摆放位置，制定了科学合理的定置图，张贴在每个工具柜上。按照时间管理的要求，徐丽又将班组制品进行了规范整理。产品摆放区、返修品和废品隔离区的标识牌规范醒目，产品状态一目了然，大大节省了班组成员寻找物料的时间。

点　评

班组长徐丽对重要—紧急事项、重要—不紧急事项进行了合理的时间管理。

（1）把重要—紧急事项放在首要位置

重要—紧急事项必须放在首要位置——不仅班组长要这样理解，班组长也要引导班组成员这样去理解，以形成集体的、持续的行为。虽然重要—紧急事项的内容可能不同，但是重要—紧急事项放在首要位置的原则不能变。例如，班组长徐丽先是将“在短时间内加工出一批高精度零件”作为重要—紧急事项，而后将重要—紧急事项变成寻找 R001—78 号量具。

（2）把重要—不紧急事项放在重要位置

重要—不紧急事项往往是影响大局的事项。如果班组长带领班组成员持续地重视并完善重要—不紧急事项，那么在遇到突发事件时，就会减少重要—紧急事项的出现。因此，在正常情况下，班组长应该把重点放在班组的重要—不紧急事项上。案例中的班组成员利用两个周末时间，将所有工具、夹具、量具分门别类摆放，并对刀具、辅料等物品的摆放位置进行规范统一，制定科学合理的定置图并张贴在每个工具柜上，就是重视重要—不紧急事项的典型行为。

二、压力管理

压力管理是指人们对压力和压力程度所作的适应性反应。人不能没有压力，因为压力能激励人进步。但是过度的压力也是不可行的，会让人承受不住而崩溃。压力是人对压力源产生的一种心理反应，是人的感觉——当你感觉到压力时，压力就会存在；当你感觉不到压力时，压力就会消失。压力会对人产生截然不同的两种效能，即激励或者崩溃。当然，也要注意避免盲目自信导致不在乎是否存在压力，这样会使结果与你的愿望背道而驰。

在现实中，班组长承受着生活、工作与事业的压力。班组长进行压力管理主要是在履职过程中感到有压力时，分析压力源，消除有害压力，保持良性压力，提高心理弹性，培养组织弹性。压力管理的核心并不在于消除压力，而在于缓解或适应压力，使压力保持适度弹性。

班组长在履职过程中承受的第一种压力源是时间性压力源，也就是完成任务与完成时限之间的冲突；第二种是由角色冲突、问题冲突和交往冲突引起的遭遇性压力源；第三种是因工作环境或者技术条件不适应而产生的情景性压力源；第四种是由于事件的不确定性感觉到潜在威胁而焦虑所产生的预期性压力源。班组长要始终把压力源引导到班组工作中去，这对班组长的压力管理至关重要。如果把它视为有害的压力源，那么最有效的办法就是直接消除它。

在现实中，大多数班组长都会遇到压力过大的问题，因此采取有效的应对策略来缓解或者适应压力非常重要。时间性压力源可以通过时间管理来缓解；遭遇性压力源可以通过沟通、理解从而建立信任、合作关系来消除或者释放；情景性压力源可以通过环境再改造、技能再培训、工作再设计等来适应或者缓解；预期性压力源可以通过明确事件结果，并对最坏结果预设应对策略来释放或者缓解。

总之，班组长履职和压力源是相伴而生的。因此，应对压力的关键在于提高班组长的心理弹性，培养班组的组织弹性。提升班组长心理弹性的策略是培养坚强型的人格特征和间歇性的深度放松；培养班组的组织弹性的策略是集体决策、相互承诺、团队合作。

班组故事

激发班组成员的责任意识，共担压力

王晓刚是天津石化公司储运一分厂四班班组长。夜间生产运行时，主管领导都不在，安全、产量、质量和效益等重要责任全部落到班组长身上，王晓刚承受着巨大的压力。

四班负责厂区的油品储存和运输，在新一轮责任罐区调整过程中，王晓刚在与班组成员商议后，主动向分厂领导提出负责承包地面不整、条件最差、区域最大的一个罐区，并将它命名为“王晓刚罐区”，并保证不出现“黑豆”。

一声承诺，掷地有声。挂牌当天，王晓刚把全体班组成员请到一家高档酒店吃饭。酒过三巡、菜过五味，王晓刚首先说道：“咱们班的同志都是有血性的哥儿们和姐儿们，见到困难，我们不上，谁上？再硬的骨头，我们也要啃下来，拜托各位了！”

青工小张打开话匣子：“班长，我们不看你怎样说，要看你怎样做。你把这杯酒干了，我们就是脱一层皮，掉几斤肉，也要给咱们班保‘红豆’。”大家异口同声地喊道：“说得对！干了吧！干了保‘红豆’！”已经喝得差不多的王晓刚面对如此场景没有推辞，将一大杯酒喝了个精光。

从此，四班的同志们就一直在为保卫“王晓刚罐区”的荣誉而奋斗。副班长郭辉在一次巡检中闻到一股异常的味道，职业的本能告诉他，这里可能有泄漏点。由于当时罐顶风力非常大，一时找不到气体的来源，他只能用手一点一点地触摸罐顶所有管线的焊缝及阀门连接处。忽然，他感觉到一股强烈的气体从气相集合管的一道焊缝处喷出，吓得他打了一个寒战。由于气相集合管与罐体之间没有截止的阀门，若裂缝增大，大量丙烯气体泄漏，后果将不堪设想。他不敢怠慢，立即向分厂领导报告泄漏点，并组织倒罐、泄压、拆除、补漏，这才使危险解除。

时过境迁，回想起那次巡检经历，有人问道：“承受这样的压力，你们不觉得心里很累吗？”他们会回答一段富有哲理的话：“思想和行动之间的关系，就像引线和风筝一样。风筝飞得有多远，关键在于手中的线，而这根线就是内心的责任感。内心的责任感越强，在工作中就越能够承担起责任和压力，做到最好。”

是的，王晓刚和同事们承担着压力，也承担着责任，打牢的是基础，追求的是卓越。功夫不负有心人，最终王晓刚被评为“明星员工”，四班被评为“优秀班组”。

点 评

班组长王晓刚通过激发全体班组成员的责任意识，让大家共同承担压力，来缓解或者释放自身的压力。这是班组长缓解压力的有效方式。

（1）根据行业性质特点明确班组的主要压力源是安全生产

从压力管理的角度来看，不同行业的压力源不同。石油化工行业的主要压力源是安全，而精密制造行业的主要压力源则是质量。因此，班组长要根据行业特点，首先明确班组的主要压力源是什么，这样压力管理才能有针对性。在本案例中，主要的压力源就是安全生产。

（2）激发班组成员共担压力的责任意识

王晓刚以聚餐的形式把大家召集起来，青工小张要求他将一杯酒干了。王晓刚没有推辞，将酒喝光。对于班组成员提出来的要求，他没有犹豫，这既体现出他与班组成员人格平等、蕴含情感，又能激发出班组成员共同承担压力的责任意识。既然班组长履职与压力源是相伴而生的，那么，面对压力，班组长除了提高自己的心理弹性外，还要培养班组的组织弹性，让班组长个人和班组始终保持适度的弹性。

（3）消除因人际关系冲突所产生的遭遇性压力源

任何一名负责任的班组长都会有很大的压力，也正因为如此，更容易产生人际关系冲突（遭遇性压力源）所带来的压力。在理论上，人际关系冲突所带来的压力是有害压力。因此，艺术性缓解和化解遭遇性压力源显得尤为重要。

王晓刚除了和班组成员平等相处之外，最关键的一点是他在与班组成员讨论之后才主动向分厂领导提出承包罐区，并将其命名为“王晓刚罐区”，形成了一种大家共同的心理契约，促使大家始终去主动维护这种共同的心理契约，从而维护“王晓刚罐区”的命名价值。这是王晓刚消除人际关系冲突所产生的遭遇性压力源的巧妙手段。

三、问题管理

班组长履职就要做事，做事就会遇到问题，遇到问题就要解决，这是班组长履职的必然要求。那么，什么是问题呢？问题是麻烦、事故、矛盾或者困难。问题管理是指通过识别问题、定义问题、制定方案、实施方案、结果反馈等过程，运用系统思考的方法达到有效解决问题的目的。

班组长在履职中遇到的问题琐碎又具体，其工作的本质意义在于不断解决这些问题。进行问题管理时，有两种不同的思维方式。一种是运用逻辑思维方式程序性地解决问题。这主要针对事物方面，关注的是摆脱问题。另一种是运用权变思维方式创造性地解决问题。这主要针对人际关系方面，关注的是产生方法。

假设要解决一名员工不能按时完成任务的问题，首先要通过问题的表象识别背后的原因并给出明确的定义，因为无论是采用逻辑思维还是权变思维，班组长都必须具备识别问题和定义问题的能力。

对于事物性方面的问题，只要准确地定义了问题，运用逻辑思维方式就可以程序性地解决。然而，在现实中，班组长所面临的许多问题是人际关系方面的问题，需要运用权变思维方式来解决。权变思维方式是一种强调管理环境的变化性、应变性、有效性的方法。权变思维的核心理念是世界上没有一成不变的管理模式，每个组织的内在要素和外在环境都不相同，没有一种管理原则和方法是适用于所有情景的。因此，班组长要锻炼自己的洞察力，将问题扼杀在萌芽状态；当出现问题时，要有能力及时解决，避免问题演变为危机。

班组故事

从“救火员”成“防火员”

班组长边江所在的抚顺石化公司石油一厂酮苯车间工艺五班的22名成员大多在开工初期来自厂内各个单位，对工艺和设备还不熟悉。酮苯脱蜡装置是一种高度现代化的设备，具有高温高压、易燃易爆的特点。在那段时间里，边江遇到任何问题都像消防队员一样，时刻提心吊胆，唯恐出现差错，酿成大祸。

边江认为，在班组管理中，每一个岗位就像是整个棋盘上的一个点，点和点连在一起，才能保证系统的平稳运转。为此，他从不放过对每一处操作点的问题管理与控制。

有一天，边江发现有两位老师傅温洗过滤机时，使用的温度总是高于其他班组，而过高的温差又常常造成产品不合格。为了避免这种情况的发生，他在班前会上严肃地提出了这个问题，但是没有什么效果。一次，温洗过滤机后的温度竟然升高到了15摄氏度。边江十分生气，对两位师傅毫不客气地一通训斥，得到的回答却是：“我们就是这个水平，没办法。要是不行，你自己来啊！”事后，边江主动找两位师傅检讨自己态度不好，并诚恳地向他们提出工作意见和要求。两位师傅表示：“嗨，都是为了工作，其实也没什么。”从那以后，边江和他们一起探讨解决问题的办法，又多次向兄弟班组请教，终于攻克了这一技术难题。

还有一次，一名司泵工打来电话说一台机泵出现故障。边江赶到现场一看，顿时哭笑不得。只见司泵工正在给这台机泵加油，由于看不清油标，两壶油都倒进去了也没加满，还甩了一地的油。原来这位司泵工虽然在厂里干了十多年，工作也比较认真，但他从没干过此项工作，对设备的原理也不了解，所以三天两头就报“险情”。为了让司泵工尽快独立顶岗、熟练操作，边江利用空闲时间给他补课，逐个讲解各种机泵的技术原理，还专门安排了一名操作工对他进行技术指导，他的技术突飞猛进。等到这个司泵工终于能够熟练地独立顶岗操作设备后，这个岗位也从原来的“担心岗”变成了“放心岗”。

边江从司泵工的事件中得到启发：与其每天当“消防员”四处奔命地“救火”，不如做教练员指导、教育成员如何“防火”；与其自己东奔西跑处理险情，不如把每名操作员都培养成能够独当一面、解决问题的技术能手。只有解决了岗位上的问题，整个系统才能平稳运行。

不仅如此，边江也认识到，每一个岗位上的成员仅仅做好自己岗位上的工作是远远不够的，各个岗位之间的工作环环相扣，想要让整个生产系统平稳运转，就必须各个岗位互相督促、紧密配合，每个人心中都要有全局观。

有一次，边江刚接班就发现干燥系统的压力超过了正常值。经过内、外操作人员的反复检查，均未发现问题所在。于是，边江发动了全系统员工进行排查，其中一个细节问题引起了大家注意：回流罐的液面变化幅度不明显。边江与系统操作员通过认真分析，判断液位计失灵了，很可能是液体进入密闭线造成的。他们立即打开泵，将液面压回原位，使压力很快恢复正常，从而消除了一个事故隐患。

边江通过实践，把“连点成线”“连线成面”的数学原理引入班组的问题管理中，悟出了“点、线、面管理法”，即把各个岗位和操作员看成一个个独立的“点”，要求每个“点”的成员先做好自己的本职工作，使每一个岗位都能平稳运行。每个岗位的“点”没有问题，“点”与“点”就连成线，即把每套系统当作一条条“线”来梳理，让各岗位、岗位与系统、系统与系统之间的管理形成网络，环环相扣，实现闭环管理，从根本上保证整个系统“面”的安稳运行。

从那以后，班组长边江就成了气定神闲的“防火员”，再也不是成天忙于奔波解决问题的“救火员”了。

点　评

班组长边江带着问题思考，悟出“点、线、面管理法”，从“救火员”变身为“防火员”。

（1）从解决“点”的问题开始

问题的出现都是从“点”开始的。因此，班组长在进行问题管理时，首先要关注人—机系统初始变异点，对其要有敏感性，还要培养班组成员的敏感性。因为班组成员是直接在岗位上工作的，如果班组成员对人—机系统初始变异点的出现具有敏感性，就有可能将问题在萌芽状态时解决。因此，培养班组成员对初始问题出现的敏感性，具有重要而关键的作用。班组长边江不仅对“点”问题有着敏锐的直觉，还培养班组成员的敏感性，把每一名操作员都培养成能够独当一面、解决问题的技术能手。

（2）不仅注重“点”的问题，更注重“点”与系统之间的关系问题

每个班组都存在问题，不仅有“点”的问题，也有“系统”的问题，所以班组长在问题管理中还要学会运用系统思维。班组长边江在问题管理的过程中，通过实践把“连点成线”“连线成面”的数学原理引入班组的问题管理中，悟出了“点、线、面管理法”，形成了管理模式，这值得班组长学习、借鉴。班组长要善于总结和提炼自己在班组管理实践中所获得的经验，形成理论，从而提升自己的履职能力。

（3）不仅自己注重问题管理，而且注重班组成员参与问题管理

既然问题的出现总是从萌芽状态开始，那么能够首先识别出问题的往往都是直接参与者，即班组成员。因此，班组长不仅要注重问题管理，还要注重班组成员参与问题管理，这也是问题管理的一个重要环节。从某种意义上讲，问题管理就是培养全体班组成员参与问题管理，将问题防患于未然。

四、行为管理

行为是人的心理需求与社会环境相互作用的结果，每个人都有自己的行为和行为模式。这些行为和行为模式相互影响，即一个人的行为会导致另一个人行为的变化。社会中的群体或者组织形成了“我们”这个概念，而每个群体或者组织又都有默认的行为准则，当个体（我）意识到自己和群体或者组织（我们）的行为不一致时，就会产生从众心理，而群体或者组织行为准则的建立又与其领导人的行为有极大的关系。班组就是一个群体组织，班组长的行为和行为模式对班组成员有很大影响，同时班组长与班组成员之间也相互影响。

行为管理是指班组长按照履职要求对自身和班组成员的行为进行约束和规范，以形成职业习惯。班组长行为管理的效果通过凝聚力体现，即班组成员之间是否相互吸引，并且愿意留在团队中。在进行行为管理时，班组长首先要培养具有履职激情的职业心态；其次要培养敬重职业的职业素养；最后是培养具有自律、利他精神的职业行为。班组长进行行为管理的核心是利他行为，这是行为管理的灵魂，也是班组长行为管理得以成功的基础和条件。利己是人类的天性，但是只有通过利他的行为方式才能实现利己的最大化。因为利他才会有“众人拾柴火焰高”的行为，而每个人又都能从火焰中得到自己所需要的温暖。

班组故事

利他行为结下的硕果

国家级科技成果鉴定会上，中铝公司下属某工厂自行研制的 SD-2B 型“小电流接地选线装置”顺利通过专家组鉴定，专家一致认为该装置的技术达到国际先进水平。然而，最让专家们惊讶的是这个项目的技术负责人竟然是生产一线班组的一名青年员工。

青年员工小王从技校毕业进入工厂工作，发现自己学识有限，于是把别人消遣的时间用来学习，遇到问题也喜欢刨根问底。班组中一些同事并不特别理解，甚至有人嘲讽道：“一个技校生，能折腾出个啥？”

班组长老李却对小王赞许有加。当同事们的冷嘲热讽使小王困惑时，老李多次与小王促膝谈心。“不要理会别人的看法，自己认准的事情就要坚持。”他给小王出主意说：“我建议你每天做好工作笔记，及时总结工作，积累经验，为以后的工作和个人发展作好准备。”对于冷嘲热讽的员工，老李提醒他们要善待和鼓励小王。

老李从小王对学习的热爱中得到启发，他觉得不能让好学之人成为少数，应该在班组中创造一个良好的学习环境和氛围，于是购买了一些专业技术书籍，组织班组成员学习。经过大家讨论，决定从各种奖励资金中抽出10%作为班组成员自觉学习的奖励基金，专门用于奖励通过自学或参加各种培训取得优异成绩的员工。通过这种行为，班组逐渐形成了良好的学习氛围，为解决生产技术难题奠定了基础。

我国10千伏高压电力系统接地频繁，由于缺乏可靠的选线设备，经常引发事故，其中两起事故直接给企业造成了1000多万元的损失。企业决定开发新项目，以解决困扰工厂电力系统的“小电流接地选线”这一技术难题。在车间领导和老李的大力推荐下，厂部任命小王为“小电流接地选线”项目的技术负责人，成立了以他为首的技术攻关小组。面对领导的信任，小王犹豫过，也动摇过，因为这个项目解决的是国内电力系统的老大难问题，而他不过是一名青年工人。关键时刻，班组长老李给予了小王很大的鼓励，还带领班组成员给予其最大支持——攻关小组可以调动班组的所有技术资源。

某一项实验急需一台存储示波器，而工厂却没有。就在小王无从下手之时，老李从西安交大借来了一台美国最新的“PDK-220”存储示波器。看着满脸疲惫的老李，小王感到自己并不是孤军奋战。做实验需要加工好的零部件，班组成员也一直在配合，将加工好的每一个零部件及时送到他的手里。

经过不懈努力，我国首台新型小电波接地选线试验样机诞生并投入试运行，其选线结果全部正确，各项指标均高于设计要求，达到了国内先进水平。后来，经过重大改进设计的第二代小电流接地选线装置也研制成功，并大规模投入使用。小王也从一名普通的技校毕业生，逐渐成长为企业内知名的技术能手和专家，并多次获得各种奖项。回顾自己的成长历程，小王感慨道："班组长的行为感动了我、触动了我，同时也培养了我、成就了我。"

点　评

班组长老李的行为管理始终贯穿着利他的本质内涵，影响并形成全体班组成员的共同行为。

（1）围绕标杆创造相应的班组行为环境和氛围

在班组中选择正能量的行为作为标杆，能深刻影响班组成员的行为和行为模式。老李从小王对学习的热爱得到启发，不让好学之人成为孤立的少数，便在班组里创造了一个良好的学习环境与氛围，组织班组成员学习。老李的行为管理也给予了我们一个启示：选择标杆时，应尽可能地从班组成员的行为中产生，这样自然就会具有亲和力，在仿效的过程中，大家都能看得见、摸得着，很容易形成水乳交融的行为影响关系。如果标杆是外来引入的，首先没有亲和力，其次大家看不见、摸不着，很容易产生隔阂。

（2）班组长的行为模式会对班组成员产生直接影响

班组长老李对青年员工小王的技术攻关行为表现得非常支持，允许他调动班组所有的技术资源，并在他遇到设备缺失的困难时，积极帮他解决。这是班组行为规范建构的第一步。在老李的影响下，班组成员也一直支持小王的工作，将加工好的每一个零部件及时送到他的手里。这是班组长老李建构班组行为规范过程的体现。这充分说明了班组长的行为和行为模式对自己和班组成员产生了很大的影响，同时他们之间也互相影响。当一个群体或者组织都有其默认的行为准则时，个体（我）意识到自己与群体或者组织（我们）的行为不一致时，就会产生从众心理和情境。班组长老李通过规范班组行为，在班组成员中形成了一种正能量的从众心理和情境。

（3）“遇事不指责”，以人格平等和善意化解班组成员的不良行为

“遇事不指责”行为既是一种修养，也是一种智慧。由于班组长具有职权，很容易产生居高临下的心态，对班组成员进行指责，甚至出现恣意妄为的行为。从行为管理的角度来看，这种不良行为是班组长必须要注意和预防的。在这个案例中，班组长老李并没有指责嘲讽小王的班组成员，而是提醒他们要善待和鼓励小王，这是遇事不指责的典型事例。班组长要明白，真正有格局和修养的人是不会滥用职权的，因为他们懂得敬畏，更懂得“良言一句三冬暖，恶语伤人六月寒”的道理。一个经常指责别人的人，可能看到的只是别人的缺点。只有遇事不指责，才能看到每个人身上都有闪光的地方。

本章思考题

1. 什么是时间管理？试分析班组长应该如何合理、有效地利用时间。

2. 什么是压力管理？试分析班组长在履职过程中承受较多的压力源是哪几项。

3. 什么是问题管理？试讨论在履职过程中如何识别问题、定义问题、解决问题。

4. 什么是行为管理？试讨论在履职过程中如何做到敬重职业、用心做事、用情待人。

第3章

自我超越

学习目标

能建立个人愿景，使之符合自己职业发展规划和班组性质。

能改善心智模式，不断检视思想，使之符合班组的客观环境以及自身职业发展特点。

能改善行为模式，不断检视行为，使之符合班组的客观环境以及自身职业发展特点。

能培养创新能力，增强自我效能感，在原有知识和经验基础上突破自身局限。

自我超越是在自我意识和自我管理的基础之上，班组长从有效履职与职业生涯发展的角度建立个人愿景，产生创造性张力，与时俱进地改善心智模式、行为模式，培养创新能力，在履职的学习与实践过程中自我完善、自我进步、自我实现，最终实现自我价值而追求生活与生命意义的过程。

自我超越是由奥地利心理学家维克多·弗兰克提出的。他认为“寻求生活意义的努力是人的最原始的创造性力量”。虽然人在生理、心理和社会的世界中并不自由，但是人可以超越这些限制而进入精神层面，形成自由意志，追求生活与生命的意义，使人生更有意义。因此，弗兰克强调，人们必须超越自我，把自己和某个人、某种理想或某种工作联系在一起，才能摆脱自我的束缚，找到人生真正的价值和意义。

实际上，每一名班组长都有超越自我的主观意愿，但是真正实现自我超越的班组长少之又少，而应付职责、完成任务是较为普遍的现象。为什么班组长普遍不能实现自我超越呢？关键问题在于有些班组长仅仅把工作作为谋生的手段来理解，并没有赋予工作应有的价值。如果班组长把工作赋予了价值，那么他对自己的工作和工作意义就会有全新的理解与体验，就会产生激情并进行创造性劳动，在劳动创造的过程中体验生命的本质意义——幸福、快乐、愉悦，以及自我价值的实现——这是实现自我超越的核心。

由于更多的班组长只是把工作作为谋生手段，他们的职业心态导致其只会要求自己完成职责所规定的任务，并把无法实现自我超越的原因归咎于外在环境的不理想，认为自己为了正常履职、顺利完成任务，已经付出了很大的努力。如果班组长真正领悟到了自我超越的核心含义，环境不理想并非理由，相反，面对挑战时，应该更能激发自我潜能，从而实现自我超越。

个人无法改变企业的大环境，但班组长可以自由选择对待班组、班组工作及构建班组环境的职业态度——热爱或厌恶、积极或消极、主动或被动、创造或逃避等。在企业的大环境下，班组长所拥有的职权和支配的资源，完全可以改变或者改善班组的小环境，从而实现自我超越，体验生命的意义。因此，关键在于班组长要给自己的工作赋予价值，从而产生自我超越情结。班组长的自我超越主要包括建立个人愿景、改善心智模式、改善行为模式、培养创新能力。

一、建立个人愿景

愿景，字面意思是愿望与景象。对个人愿景普遍意义的理解是：将个人的愿望在脑海中形成一个景象，它概括了个人未来的目标、使命与价值，是个人期望值与个人价值观的结合。从班组长的角度来看，建立个人愿景就是赋予工作以价值的过程，即你希望自己做出有价值的事，成为有价值的人。

班组长实现自我超越的先决条件是建立个人愿景并清晰地将其描述出来。对于班组长来说，建立个人愿景，是指班组长在真正热爱自己的工作、充满激情、希望在工作中能体验到生命意义的前提下，建立符合自己职业发展特点和环境特点并由衷实践的价值目标，即创造社会认可的优秀班组。基于此，班组长必须明确“创造社会认可的优秀班组”的内容，并加以具体描述。也就是说，班组长要建立个人愿景，首先要厘清“创造社会认可的优秀班组”的内容。

一是要和自己的心灵对话，设想社会认可的优秀班组应该是什么样的，忠诚于自己的心灵来对话和想象，这是非常重要的第一步。二是停下来想一想“这到底是什么样的情景”，然后做出回答，再想一想是否已经描绘出了一个非常接近你真正想要的愿景。三是厘清个人愿景，回答“什么是我最看重的和最需要的”。四是确定个人愿景内容并描述它。总之，要像剥洋葱一样问问自己的内心，弄清楚每一层“洋葱”的含义，才能更好地理解个人愿景的潜在意义，明白“我追求什么，我为何追求，我如何追求”，去创造一个被社会认可的优秀班组。通过定义清晰的个人愿景，班组长可以厘清现实与愿景之间的关系与差距，在内心产生一种使命感，去为实现愿景而努力。彼得·圣吉在《第五项修炼》一书中把缩小这种差距的积极力量称为创造性张力：“通过建立个人愿景而产生创造性张力是自我超越的核心原理，它整合了所有的要素。”

班组故事

“孙恒玉小组”重获“全国红旗班组”的故事

齐齐哈尔车辆厂机加车间“孙恒玉小组”始建于1952年，在老组长孙恒玉的带领下建成了铁道部第一条轴瓦加工联动线，日产轴瓦由20块增加到160块。因表现突出，班组被国家有关部门命名为“孙恒玉小组”，在全国享有盛誉，成为“全国红旗班组”。

然而，“孙恒玉小组”近些年在评选年度先进班组时却榜上无名。特别是有一年，小组非但没有完成生产任务，反而发生了严重的工伤事故。班组管理也很混乱，工时考核无记载，材料消耗无核算，就连最基本的考勤制度也没有。面对失去多年荣誉的班组，第14任班组长吕国民心里既愧疚又难受，由此确立了让“孙恒玉小组”重获“全国红旗班组”荣誉称号的个人愿景。

这时，工厂围绕提高管理水平和产品质量正在开展大检查、大总结、大整改活动。吕国民决定借此机会和全体班组成员进行反思和总结，认识到管理失控是导致“全国红旗班组”荣誉丢失的根本原因。为此，吕国民决定加强班组管理，让班组在3年内重新跻身“全国红旗班组”行列。

首先，重组班委会核心架构，全面修订班组各项管理制度。在作业过程中，由工管员负责严格考核，通过不间断检查确保作业过程的顺利进行。其次，在班组经济核算方面，实行班组经济活动分析制度。经济核算员对小组成员的出勤率、劳动生产率、材料消耗量等指标进行定期统计和公布。通过大检查、大总结、大整改等方法，班组管理重新步入正常轨道。

随着铁路货车转向架的更新换代，“孙恒玉小组”的加工对象也由轴瓦变为了轴箱，班组面临新的挑战。为了统一大家的思想，吕国民再次组织班组成员进行讨论和反思。大家都认识到，面对新产品、新设备和新工艺，必须加强对各项工作的控制，特别是对操作人员进行有效管理。于是，班组为年轻员工配备了5位老师傅，在工作时间传、帮、带，利用空闲时间进行岗位培训，同时还请技术人员讲解产品的工艺要求和操作规程。严格的生产过程控制保证了班组生产任务和各项经济指标的完成，使班组顺利地渡过了设备更新、产品转产的难关。

有一年，工厂组织了一场“三车”会战，多款车型要同时生产，加工的轴箱任务量越来越大，经常是下道工序催要上道工序的产品。员工小耿刚加工完一台车的8个轴箱，还没来得及进行自检、互检和探伤，就匆忙去磨刀，回来的时候8个轴箱都不见了。吕国民立即派小耿和班组质量员到下道工序去找，发现8个未经检验的轴箱已装到了转向架上。装配作业工人说：“不会有质量问题。已经装上就算了，下次注意就是。”小耿坚持道：“这是我的疏忽，责任在我！”他把8个轴箱拆下来，带回班组进行检查和探伤，果然发现其中一个轴箱有内腔裂纹。裂纹的轴箱在装车后会造成重大的行车安全隐患，可能会造成车毁人亡的恶性事故。看着已经流入下道工序、险些酿成大祸的废品，所有人都倒吸一口凉气。

这件事又一次震动了吕国民，层层控制还险些发生产品质量事故，不进行严格管理，实现目标就是空谈。利用这一典型事例，他组织大家再次进行检查、反思、总结和整改。大家举一反三，找出班组管理疏忽的问题，积极采取措施纠正偏差。正如大家所说，班组成员中几乎所有人都是车工，使用的刀具规格多、数量大，而大家共用一个工具箱，干完活就把刀具扔进箱子里，第二天用时再找，不仅浪费时间，而且出现了用错刀的情况。经过讨论，班组决定由材料工具员为每个人制作一个刀具箱，使用的刀具各自保管。工作结束后，将刀具箱交材料工具员统一放入工具柜中。

确立了“孙恒玉小组”重获“全国红旗班组”荣誉称号的个人愿景，通过大检查、大总结、大整改等活动，班组长吕国民尝到了加强班组管理的甜头，决定每年6月和12月各开展一次这样的活动。根据确立的目标和计划，应用管理方法，通过检查发现问题、分析原因、总结经验、吸取教训，经过3年的艰苦努力，“孙恒玉小组”重新跻身“全国红旗班组”行列，班组长吕国民也被评为“黑龙江省劳动模范”。

点 评

班组长吕国民厘清并确立了个人愿景，产生具有生命意义的感召力，通过创造性张力驱使自己前行。

（1）将个人愿景与班组荣誉相结合

作为“孙恒玉小组”第 14 任班组长，吕国民确立了让“孙恒玉小组”重获“全国红旗班组”荣誉称号的个人愿景。个人愿景内容具有两层含义：一层是纯粹个人层面上的愿景，另一层是与自己有关事项上的个人愿景。站在班组长履职的角度来看，应该学习吕国民把个人愿景与班组荣誉相结合的做法。这是因为班组长把“创造社会认可的优秀班组”作为个人愿景，个人愿景的阶段性目标就非常清晰，而且个人愿景与履职有机结合，在其实现过程中还能得到很多资源支持，自然也就会产生很多幸福愉悦的情感体验，从而在实现个人愿景的过程中享受着生命的意义。

（2）由愿景产生的创造性张力促使全体班组成员自觉行动

愿景确定后，可以产生两个方面的创造性张力：一是纯粹体现个人意义的创造性张力；二是能得到相关资源支持的创造性张力。吕国民利用工厂围绕提高管理水平和产品质量开展大检查、大总结、大整改活动的契机，和全体班组成员进行反思和总结，认识到管理失控是导致“全国红旗班组”丢失的根本原因，为此确定了加强班组管理，3 年重新跻身“全国红旗班组”行列的奋斗目标。这就是在确立个人愿景的前提下，所产生的创造性张力得到相关资源（班组成员）支持的例证。

（3）在实现符合职业要求的个人愿景的同时，个人层面的愿景也能得以实现

在上述班组故事中，经过 3 年的艰苦努力，“孙恒玉小组”重新跻身“全国红旗班组”行列，班组长吕国民也被评为“黑龙江省劳动模范”，这就是实现符合职业要求的个人愿景的同时，个人层面的愿景也得以实现的例证。因

此，从班组长角度来看，建立个人愿景就是赋予工作以价值的过程，即你希望自己做出有价值的事，成为有价值的人，并且是在内心深处向往，这样在实现符合职业要求的个人愿景时，个人层面上的愿景也就得以实现。

二、改善心智模式

为了有效地实现个人愿景，班组长必须使自己的思想和行为符合客观环境的要求，才能使实现过程顺利、通畅。然而，人们往往会习惯性地把自己对客观环境的认知视为事实，并以此假设为前提作用于客观环境，从而导致行为的失败或者失效。因此，班组长要忠实于客观环境的变化，不断地检视自己的思想和行为与客观环境的真实性、虚幻性和差异性，使主观与客观相统一，这种行为即改善心智模式。

心智包含人类的心理与智力，是人类根据对客观环境的体验和反应来分析、判断和处理事件的能力。心智模式是指个体对客观环境的感知、分析、判断和处理事件的思维习惯，不但决定了我们如何理解世界，而且决定了我们如何采取行动。改善心智模式与内省相似，但是内省注重的是人的道德层面即情感层面，而改善心智模式则侧重于人的认知层面，需要透过现象看到本质规律以及背后的结构性原因。

关于改善心智的模式，人们多以《第五项修炼》一书中的内容为依据，主要有两种范式：一是反思与探询；二是运用系统思维来改善心智模式。反思是指放慢思考过程，发觉心智模式的形成及其对行为模式的影响；探询是指在人际交流过程中，挖掘客我双方所“说”后面的所“想”，从而发现全新的观点和最佳的论断。运用系统思维来改善心智模式是指由“片段式的思考方式”，即专注于事件的主导性，转变为通过主导性认识事件背后的系统因素与结构变化。总之，改善心智模式就是将镜子转向自己，发掘自己内心世界的认知图像，让这些图像浮于表面，仔细审视，改变固有的思维习惯，学会有效表达思想，敞开心胸接纳他人的思想，使心智贴近和符合客观环境，达到心智与环境的良性互动和融合。

班组故事

从“水土不服”到带领优秀班组继续前进

四组装配线班原班组长小朱被厂部技术部门选聘为工艺技术员，四组装配线班改由另一个班组的班组长小莉负责。小朱带领的是一支优秀的老团队，班组成员每天准时到岗，按时按量完成生产计划，生产质量稳定。在班组集体活动中，班组成员也表现出了良好的凝聚力，该班组一直以来都是企业的先进班组。小莉之前担任的是由新员工组成的生产装配线班班组长，由于她技术突出、善于教导，在她的带领下，班组的产量也一直很稳定，产品质量也很优秀，这是她的班组管理风格。

但是在小莉接手四组装配线班班组长后的一个月里，这支优秀的老团队却发生了很大的变化：到了 8 点钟开工的时候，有些员工还在更衣室里慢吞吞地穿着工作服；个别员工不请假就不来上班，工作难以落实；时常出现生产计划没有完成的情况，质量问题接二连三出现，无法有效地控制。

车间主任找小莉谈话，小莉却感到非常委屈。她每天提早一个小时到车间准备，在生产过程中，她见哪儿忙就帮哪儿，有时候忙得顾不上跟踪品质情况。产品质量一出问题，她就着急责问员工原因，可谁也不知道是哪里出了问题。生产线缺料的时候，也没有人通知，等她发现的时候已经快到下班时间了，想要补救已经来不及了。

小莉向小朱请教为什么会出现这样的状况。小朱帮她分析原因，让小莉明白了不同的心智模式会带来不同的班组管理风格。四组装配线班的成员都是经验丰富的老员工，小朱的心智模式更偏重于情感，所以和班组里的每一名成员关系都很好。大家都觉得小朱是一个讲义气、讲道理的人，所以对她的安排都很服从，干起活来像朋友一样心情愉快。但是小莉就不一样了，她的心智模式更偏重于理性管理，在工作中不苟言笑，一旦出了问题，态度也很严厉。例如，在班务会上，在小莉传达上级指示精神时，员工们喜欢七嘴八舌地问她一些问题，实际上大家是想加深理解，但是她一句话就把大家给噎了回去：“这是上面的要求，不要多问，必须执行。”

小莉的优势是处理产品质量问题的经验非常丰富，经常教新员工如何提高工作效率，所以在原来的生产班组里，大家对她的能力还是很佩服的。她对新员工的训斥，大家都能接受，还认真配合她的要求。到了以老员工居多而技术又好的四组装配线班，小莉的长处就派不上用场了，再加上她不擅长与员工相处，心智模式的缺点就越发凸显出来了。

在和小朱的交谈中，小莉明白了是自己的心智模式带来了班组管理风格的问题。她主动去找车间主任，表示一定会改善自己的心智模式，处理好与班组成员的关系，以理性管理为辅助，像小朱一样，把四组装配线班的工作做好。

点　评

在此案例中，班组长小莉忠实于事实真相和履职要求，主动地去改善心智模式。

（1）忠实于事实真相，并以此为依据检视自己的思想和行为，改善心智模式

改善心智模式的核心问题就是要对事实的真相进行探寻，而且要忠实于事实真相。否则，心智模式的改善就成了无源之水、无本之木。一开始，班组长小莉忽视探寻事实真相，仍然根据以往做班组工作形成的心智模式来管理当下的班组，难免碰壁。后来，为了更好地有效履职，小莉通过和小朱交谈，了解到班组管理风格的问题是自己的心智模式带来的，然后下决心改变，这就是典型的改善心智模式的事例。

（2）改善心智模式要与系统思考和反思相结合

班组长小莉主动去找车间主任，表示会改善自己的心智模式，处理好与班组成员的关系，以理性管理为辅助，把四组装配线班的工作做好，就是用新眼光看世界的开始。除了班组这个系统，还存在班组之外的大系统，这些系统决定了相关活动之间因果关系的彼此影响，呈现出动态的复杂性。改善心智模式，就是要把班组看成学习的场所，把班组成员、班组工作与履职要求有机统一起来，对自己的内心世界加以审视，有效地表达自己的想法，并以开放的心态接纳别人的想法。

三、改善行为模式

人既是认知者，又是行动者，有能力去实现自己的行为目标。在影响人的行为的各种思维类型中，人们对自身有效处理不同现实情况的能力判断是最为关键的，它决定着人做什么、怎么做。因此，人的大多数行为是由人内在的自我效能感所引发和调节，是对自己的行为预期做出的评价性反应。基于此，人的心智模式改善必然会带来行为模式的改善，甚至可以说行为改善是心智模式改善后的外化表现。

班组长改善行为模式是建立在心智模式改善的基础上的，围绕实现个人愿景不断检视自己和自己的行为，使之成为一种新的行为习惯。心理学家把人的行为分为两种：一种是内隐行为，即心理活动；另一种是外显行为，即生理活动。班组长首先要有自信的、理性的内隐行为，即激发积极的心理状态，克服消极的心理状态，以产生正能量来影响班组成员。其次，培养健康的情绪智力。情绪智力指的是能够调控自己的情绪，正确地理解他人的情绪并做出恰当的反应。人不能有意识地控制自己情绪的内在反应，但是通过学习和培养，可以控制外在的负面情绪和冲动情绪，创造一个良性的人际环境。再次，增强班组长履职行为的能动性。班组长应主动适应客观大环境，改善班组小环境，而不是消极地适应外部客观环境。最后，增强班组长履职行为的创造性。班组长针对客观环境中存在的问题，应建立将两个或两个以上的概念、事物按一定方式建设性地联系起来的思维范式，通过这种创造性行为达到解决问题的目的。总之，从班组长的角度来看，改善行为模式应该最终归结为八个字，即“用心做事、用情待人”。

班组故事

运用“三板斧”改善行为模式

张林涛任抚顺石化乙烯车间丙班班组长时是个年轻人，有使命感。上任之初，张林涛总想把全班 25 个人的积极性都调动起来，实现效益的最大化，但欲速则不达。首先，他遇到了如何让全体班组成员信服的问题。为此，他亮出了“三板斧”。

“第一板斧”是真诚沟通。例如，班组里有一个员工是和张林涛一起进厂的，他很有上进心，技术水平也很好，在岗位上是一把好手。不过因为没能成为班组长，所以他情绪低落了不少，积极性也大不如前。他还错误地认为，就算是有才能，但是不懂得人情世故也没用。所以他很不甘心，对班组长张林涛也不大服气。张林涛发现这个情况后主动与他接触，并把他当作知心朋友相处。他俩一起吃饭，一起游泳，就连下班也一起回家。张林涛热诚地鼓励他说：“你是一块好钢，迟早会被用在刀刃上的。但你不能现在就颓废，要振作起来，劲儿可鼓不可懈啊！我相信你……”张林涛还让他当上了班里的工会小组长，把班组的活动经费交给他保管，不管是大事还是小情，都事先征求他的意见。因此，他放下了思想包袱，全身心地投入工作中，成为班里出色的技术骨干。两年后，这名员工成了一名合格的班组长。

“第二板斧”是关键时刻冲在前。在一个冬日的午夜，张林涛在巡检中发现 6 号炉的超高压蒸汽井并网阀盘根处冒出大量蒸汽，外操人员立即向车间报告。车间领导立即赶到现场，迅速和设备人员确定了处理方案：只有打开阀门，泄漏处才能被控制住。此时，超高压蒸汽的压力已经达到了120千克/平方厘米，温度达到了520摄氏度。厂房不仅被高温和高压蒸汽包围，还伴随着极其刺耳的蒸汽泄漏声，对抢险人员的生命造成了极大的威胁。就在这危急时刻，张林涛毫不犹豫地大喊一声“跟我来”，便带领着4名穿戴着雨衣和防护面罩的外操人员迅速地到达了泄漏地点，冒着被烫伤的危险冲进了汹涌的热浪之中。他们几次在浓密的雾气中逼近阀门，又几次被热浪逼退，最后终于拼尽全力打开了阀门，将凶猛的蒸汽“老虎”彻底制服，确保了生产的安全。他们的英勇行为受到了厂里的嘉奖，张林涛也在班组成员中树立起了较高的威望。

“第三板斧”就是抓技术创新。他认为，只有进行技术创新，才能把一班人召集起来，员工才能为建成百万吨大乙烯厂作贡献。双塔脱丙烷系统是按照国外设置的工艺参数来操作的，二号塔总是需要超压排放火炬，导致丙烯生产率下降、资源浪费严重。于是，张林涛带领着班组成员，根据自己的操作经验，探讨问题的症结和改进办法。他们发现通过优化前塔工艺参数，可以提高前塔灵敏板的温度，降低塔压和减少内循环的总量，有效减少二号塔排放火炬现象。他们这一重要研究成果受到了企业的奖励，也为班组赢得了荣誉。班组成员对张林涛更是信赖有加，他本人也被中油集团聘任为“乙烯装置技能专家”。

点　评

班组长张林涛在改善行为模式的过程中，做到了“用心做事、用情待人”，并影响带动全体班组成员共同改善行为模式。

（1）确立自信的、理性的内隐行为，产生正能量影响班组成员

社会认知论将人的行为的自我调节功能置于中心地位，认为人不仅是按照他人的喜好行事，在外部环境规定的情景下，人的行为是由人的内在标准引发

和调节的。因此，班组长要改善行为模式，首先要建立自信的、理性的内隐行为，即激发积极的心理状态，产生正能量以影响自己和班组成员。年轻的张林涛被任命为班组长时，首先遇到了如何让全体班组成员信服的问题，于是他亮出了“三板斧”。这就是张林涛根据履职要求确立自信的、理性的内隐行为。

（2）“用情待人”贯穿着“用心做事”全过程，温暖班组成员促使其主动作为

在现实中，班组长“用心做事”的履职行为较容易做到，而“用情待人”的履职行为却较难以做到。有的班组长甚至正因为“用心做事”，导致在履职过程中表现出“薄情寡义”。因此，正确处理两者之间的关系是改善班组长行为模式的必要训练。在班组故事中，张林涛的履职行为给予我们的启示是：“三板斧”中的“第一板斧”是真诚沟通，是将“用情待人”放在首位，并且将“用情待人”贯穿始终。班组长履职当然要以“事”为标准，但是事需要人来做，而人具有选择主动或者被动做事的自由意志。班组长“用情待人”，就会促使班组成员主动做事。所以，张林涛在履职行为中实现了以“用情待人”促进大家“用心做事”。

（3）不但改善自己的行为模式，而且带领全体班组成员共同改善行为模式

由于学习和创新是人类文明进步的永恒主题，所以张林涛在班组亮出“第三板斧”时很容易得到班组成员的共鸣。社会心理学告诉我们：一个人的某种行为得到的响应越多，这个人就越愿意从事这种行为。相对应地，这种个人行为很容易引起响应者的集体行为，从而产生从众效应。从班组长履职行为角度来看，影响并带动班组成员共同改善行为模式，关键在于通过改善行为模式，使班组成员体会到行为结果对自己有利。对于一个人来说，他的行为结果对自己越有价值，他就越有可能坚持这个行为。因此，班组长必须明白，如果行为模式的改善能获得相应资源的支持，不但能扩大自己改善行为模式的自由度，还能使自己具有支配班组环境的力量。

四、培养创新能力

从理论上讲，创新指的是人们按照事物的发展规律，改变事物的整体或其中某些部分，使其得以更新和发展的活动。创新能力是指人们在原有知识经验的基础上，突破自身的局限和时空限制，正确认识并掌握客观规律，创造新事物的心理品质与行为能力。

培养创新能力，首先要培养班组长的自我效能感。如前文所述，自我效能感是指个体在特定情境中对能否完成某个行为的预期，包括结果预期和效能预期。结果预期指的是个体对其行为可能导致的结果的推测；效能预期指的是个体对自己实施行为能力的判断。实践证明，当处于困境时，自我效能感高的人会更加努力地克服困难。因此，班组长应该对自己做出稍微超出能力的评价，这样才能去从事具有挑战性的履职任务，并为创新能力的发展提供精神动力。

其次，要培养班组长适应创新的心理品质。由于创新活动涉及人的个性、才能、智慧、意志、情感和道德等因素，因此班组长必须有高度稳定的心理状态，才能抵御和排除外界的干扰，使自己的心理状态保持在一定的水平，从而为从事创新活动提供必要的心理保障。良好的心理素质有赖于心理状态的高度稳定，因此，培养班组长创新能力的关键在于培养班组长具有克服困难的坚毅性格和不达目的不罢休的顽强意志。

最后，要培养班组长创新的思维与方法。一是需要在平时累积知识和经验；二是围绕创新问题收集材料；三是围绕创新问题通过逻辑思维、形象思维、联想思维、非逻辑思维等多种形式进行思考；四是对思考结果进行实践检验和评价。

将工作难题变成创新课题

湖北荆城供电公司某供电营业所所长史吕龙遇到了工作上的难题。所里部分员工在工作中往往习惯于“有难题找所长”，如何解决员工们陆续上交的难题，成了他经常面对的工作难题。

在工作中，史吕龙受到了科研机构创新项目攻关实施课题制的启发，突然有了一个想法：员工们提出的工作难题，是不是可以成为创新课题，然后再交给员工呢？这样不仅催生了该所的创新工作课题制，也促成了一个团队建设模式。

某日，一名员工反映：荆州城区居民区楼道口的集装电表箱箱体普遍过厚，导致部分住户搬运家具时无法通过，无奈之下只好将家具从窗户吊入室内。由此，他申报了一项创新课题：电表箱挤占楼道空间怎么办？这一创新课题被所课题组确定为：如何解决公用集装电表箱箱体挤占居民公共空间。其具体运作程序为按照课题申报人牵头、人员自由组合、工种相互协作、流程自行管理的方式组成一个创新课题组。值得一提的是，创新课题组成立后，其管理流程就由原来的线性管理变成了闭环管理，创新课题组与所领导之间的关系由垂直型变成了扁平型。

创新课题组第一次班前会讨论出的解决方法是：开发一种超薄型集成电表箱。然而，实施过程中又出现了一个新的问题：电表箱变薄虽然能扩大居民楼道的公共空间，但是电表箱集成之后却无法确认人为窃电后的责任主体。这样，这个创新课题就变成了两个课题。如果是以前，这个新的课题便会作为难题上交，或者干脆弃之不问。现行机制促使创新团队在权限范围内自行增设了一个修正课题组，专门研究箱体结构。指定的修正课题牵头人开始招募新的创新课题组。所里凡是对此项创新课题有兴趣的员工都跃跃欲试，愿意一显身手。

一周后，两路人马将完成的研究结果合成了一个课题成果：开发出一种超薄型隔断式电表箱，即将每一块电表的公共部分与产权分界点之后的表后装置进行箱体隔断。前者由供电所管理，后者由户主管理，实现电表集中安装、分户管理。

故事还没有结束。这个电表箱的名字引起了创新课题组成员间的一番讨论。起先有人将其命名为“超薄型防窃电表箱”，但有人提出了异议，认为窃电的人毕竟是极少数，如果把电表箱摆放在用户门口，那就等于怀疑所有居民都有窃电嫌疑，不能体现公平和公正。经过一番讨论，这款电表箱的名字被改为“超薄型集成分户表箱”。虽然创新课题组在经过短暂的合作后解散了，但是这种创新的管理模式给员工的心理带来了以下变化。

（1）员工普遍尝到了自力更生、单元化创新方式带来的成就感。

（2）员工开始通过知识互补、能力互补、性格互补、关系互补的方式，主动寻求创新。

（3）员工逐渐认识到，只有围绕着共同的创新目标，去寻找共同的语言、愿景、行为模式、价值观，才能形成团队的核心竞争力。

此后，员工普遍期待着将工作中的难题，一个接一个地变成创新课题，再变成一份又一份的工作效益。

点 评

所长史吕龙紧紧围绕工作实际培养创新能力，建立创新课题组，带领员工把工作难题转化为创新课题。

（1）围绕工作实际进行创新

班组在企业中的层级地位决定了创新活动必须围绕班组的工作实际而展开。只有紧紧围绕班组工作实际开展创新活动，培养班组长或者班组成员的创新能力，才能真正切合实际、有的放矢。班组长或者班组成员在为企业创造价值的同时，也实现了自我价值。班组成员通过合作、创新成功研制出超薄型集成分户表箱就是典型事例。

（2）运用创新思维改善班组管理和建设

培养创新能力的根本在于培养创新思维，培养创新思维对于班组长而言必然会带来班组管理方式的创新。史吕龙受到了科研机构创新项目攻关实施课题制的启发，将工作难题变成创新课题，这就是通过思维创新进行管理创新的典型事例。从班组长履职的角度来看，培养创新能力不仅局限于技术能力方面，还应该从班组管理和班组建设方面扩展创新的内涵与外延，创新班组活动形式。

（3）通过创新带领班组成员实现自我超越

班组长培养创新能力并不局限于个人能力方面，还需要在班组成员中培养创新能力。班组故事中按照课题申报人牵头、人员自由组合、工种相互协作、流程自行管理的方式组成一个创新课题组，就是以解决实际工作中的问题为导向，以创新课题组为单元，以综合性的分工协作同步完成创新课题，培养员工创新能力的典型事例。团队工作中最为重要的就是团队共识。供电营业所创新课题组的实践，使员工能够围绕一个共同的课题，寻找共同的语言、行为、目标和愿景，最终形成共同价值，培养了创新能力，实现了自我超越。

本章思考题

1. 什么是建立个人愿景？试讨论个人愿景所产生的创造性张力。

2. 什么是改善心智模式？试讨论内省与改善心智模式之间的差异与关系。

3. 什么是改善行为模式？试讨论内隐行为与外显行为之间的关系。

4. 什么是培养创新能力？试讨论为什么自我效能感高的人处于困境时仍会坚持不懈。

5. 试讨论为什么虽然班组长有超越自己的愿望，却很少真正实践自我超越。

CHAPTER 2

第2篇

技术能力

技术是指人们利用有形的物质要素（工具、机器、仪器等）和无形的精神要素（知识、经验、技能等），按照一定的规律共同协作构成的各种工具和规则体系，具有广义和狭义的概念。狭义上的技术是指物质工具的操作技巧，广义上的技术包括系统和组织规则、程序、方法与技巧。我们理解并阐述班组长的技术能力是广义上的概念。班组长的技术能力结构分为两个部分：一个是跨行业的基础技术和能力；另一个是本专业的基础技术和能力。我们讨论的是跨行业的基础技术和能力部分，因为各个企业对于专业的基础技术和能力都有具体的要求与规范，这也是班组长履职的必要条件与前提。

即使我们讨论的是跨行业的基础技术和能力部分，我们还需要说明的是我们所阐述的班组长的技术能力并不注重具体的技术与技巧，而是注重班组长的责任意识与责任认知能力。从某种程度上来说，这决定了班组长履职技术能力的运用程度及水平。因此，本书讨论的班组长技术能力是班组长胜任岗位要求所应具备的基础条件和基本素养，即注重与“物”之间的关系以及事务管理，为履职行为的有效性做好技术准备，主要内容包括基础管理、技术管理、生产管理、绩效管理。

第4章

基础管理

学习目标

能理解基础管理及规章制度管理、安全制度管理、责任制度管理、班组民主管理的内容。

能开展规章制度管理，从而保证班组活动与员工行为在企业规章制度体系中的运转效能。

能开展安全制度管理，落实安全教育、安全生产、安全防护、安全卫生和安全检查等工作。

能开展责任制度管理，从而保证班组成员执行企业规章制度，并进行效度考核。

能开展班组民主管理，从而保证以民主的方式实现员工自主管理和班组全员管理。

企业的基础管理是为了实现组织目标和管理职能而提供的管理规则、运行标准、分析依据、原始资料和基本手段等工作与活动的总称，具有基础性、普遍性、科学性和先行性等特点，是企业现代管理的重要组成部分。基础管理工作是否完善，直接关系到企业的组织管理水平以及企业的生存与发展。班组管理活动是以企业基础管理内容为基础的。具体来说，为了使班组活动能够有效地实现企业组织目标，企业和班组必须建立一套能够有效运行班组活动的规则体系，这也是班组长履职的基础与依据。因此，班组基础管理就是以企业基础管理为基础，建立行为规范，调动和整合资源的过程。具体而言，班组基础管理的基础主要是指规则体系，就是所谓的规章制度，也是全体班组成员需要共同遵守的行为规范和准则。

班组基础管理作为企业基础管理的重要组成部分，具有很强的基础性、实践性和操作性，是班组管理科学化、规范化、有序化、人性化的前提条件和基本手段，是班组实现管理基本职能的客观要求。班组基础管理是企业科学管理实践的产物，与现代企业管理理论和实践发展紧密相连，随着企业组织结构的变化和企业管理水平的提高而不断发展和完善。

对于班组长履职行为而言，班组基础管理是指班组长为贯彻落实规章制度，以规章制度作为履职的基础与依据所进行的事务管理活动，在履职过程中具体表现为指导班组成员在规则体系内做事。其主要内容包括：规章制度管理、安全制度管理、责任制度管理、班组民主管理。

一、规章制度管理

规章制度是企业组织以文字形式表达的、全体成员必须遵守的行为准则的总称，包括组织的各种章程、条例、守则、规程、程序和标准等。规章制度总体上分为两种：一种是管理制度，侧重于工作内容、范围以及工作程序、方式；另一种是责任制度，侧重于执行制度和为了完成任务所需要承担的责任及享有的职权和利益。

班组规章制度是针对班组生产活动和管理工作所制定的一整套规章、程序、准则和标准的总称。它明确地规定了班组成员在不同的工作岗位上、生产情况下、运行过程中应该做什么、应该怎样做、应该做到什么程度以及如果不这样做将产生什么后果。进行班组规章制度管理，就是班组长带领班组成员在班组生产活动中贯彻、执行规章制度并保持稳定与优化，从而保证班组活动和班组成员的行为在规章制度体系中运转。

首先，班组长自己要对班组规章制度了如指掌，并让班组成员像自己一样熟悉班组规章制度，分解、细化执行规章制度，将责任落实到个人，增强班组成员执行班组规章制度的自觉性与责任感。其次，班组规章制度是上级针对班组管理而制定的，它考验班组长如何把上级颁布的规章制度融入具体的班组活动中，并在融入的过程中保持规章制度的稳定与优化，从而保证规章制度的有效性。最后，由于规章制度是根据一般规律制定的，使用规章制度解决问题的过程具有程序性。在执行过程中，班组长除了监督班组成员按照规章制度程序性地解决问题外，主要精力应该放在规章制度所不能涵盖的盲点上。这些盲点基本都在责任边界的相交点上，当这些盲点出现时，班组长的职责就是进一步明确责任主体。

班组故事

通过“令人烦恼的班组变化点”理解班组规章

某商用车制造公司焊装车间小件班共有14名成员，拥有20台焊接设备，主要负责车间内72种小件的凸焊生产，生产方式为批量式轮番生产。在一周的时间里，班组内连续发生了几起事故，使得原本平稳生产的班组出现了状况的波动，有着10多年管理经验的班组长小付为此倍感烦恼、寝食难安。

事故源于一台设备发生故障。当天生产工作正在紧张有序地进行，一台凸焊设备突然出现故障，经维修人员抢修后，设备恢复了正常，但耽误了近一个小时的生产时间。为了弥补生产上的损失，小付组织班组骨干成员利用中午休息时间加班，终于在下班前完成了当天的生产任务。然而，当班组检查员检验完这批工件后，原本兴高采烈准备下班的班组成员的心都凉了半截。“部分工件的焊接强度达不到工艺要求，这批件必须全部返工。”班组检查员说。为了不影响夜班生产，小付立即进行紧急动员，组织大家加班返工。大家经过努力，终于在半夜将这批工件返工并检验合格后送到了下道工序。为了给大家打气，小付自掏腰包请大家小酌了一顿，并暗自庆幸质量问题在班组内得到了控制，没影响下道工序。

可接下来发生的事情，却让小付一点也高兴不起来。班组中一名员工结婚休假，顶替这个岗位的多技能工也因为家里突然有事没来上班，其他员工又不熟悉这个岗位，小付只好亲自上阵。那天忙得不可开交，小付一边协调处理着班组的事务，一边紧张地进行岗位操作，一不小心，右手被冲压件划伤。在医务室简单包扎了一下后，小付强忍着疼痛继续工作，可是手上的伤严重影响了他的操作速度。当天车间例会上，由于生产任务未完成，又出现了安全问题，小件班受到了通报批评并被要求拿出整改措施。主任的严厉批评让小付这位老班长第一次在车间同事面前抬不起头。

小付陷入了深深的思索：这几件看似偶然发生的事情之间有着哪些必然的内在联系呢？事故的背后隐藏着哪些管理漏洞呢？

为了尽快找到解决问题的方法，第二天下班后，小付组织召开了主题班会。会上，小付首先表示对班组最近出现的事故承担责任，并请大家就出现的问题发表意见，找出原因，制定解决方案。随后，班组成员各抒己见，展开了激烈的讨论。有人说：“如果设备维修完毕，检查员马上对零件进行检验并及时做出调整，就不会出现质量问题了。”可检查员却委屈地说：“我是按照规定的检验频次进行检查的，工艺文件也没有规定设备维修后要增加检验频次。”还有人说：“那天岗位缺员，要是有更多人会干那个岗位的活儿，班组长就不会那么忙，也不会受伤，更不会完不成生产任务。”

这时，被称为“小诸葛”的老王也发表了自己的看法：“我认为这些问题的根源在于班组对突发事件缺乏有效的应对流程和方法。所以，一旦出现问题，谁也不知道该怎么办。如果我们能在设备出现故障之前考虑到这些问题并采取相应的措施，质量问题就不会出现了。如果我们有计划地培养一些多技能工，也不至于因临时缺员而手忙脚乱。”老王的一番话，平息了激烈的争论，也让小付豁然开朗。没错，所有的问题都和一个个变化点有直接关系。这些看似偶然出现的变化点，都具有一定的规律性和必然性。如果班组能提前制定出控制这些变化点的方法，那么问题不就迎刃而解了吗？想到这里，小付在脑海中逐渐形成了一种控制班组变化点的方法。

小付赞同老王的意见，同时鼓励大家继续按照老王的思路，深入分析班组在运行过程中可能出现的变化点，并根据每个人的工作经验，对可能出现的问题和解决措施充分发表自己的意见。小付认真记录了大家的意见，连夜整理，当午夜钟声敲响的时候，小件班的《班组日常变化点控制办法》已经初具雏形。第二天中午，小付组织班组成员讨论《班组日常变化点控制办法》初稿，根据大家的意见修改完善后，正式上报车间批准执行。

小件班自从实施《班组日常变化点控制办法》以来发生了很大的变化。关于“规章制度建设”的主题班会开得更勤了，相继制定和完善了《班组岗位轮换实施细则》《质量控制办法》等一系列规章制度，逐步实现了表格化和日视化。班组成员被动接受甚至消极抵触规章制度的现象消失了，工作中推诿扯皮的现象也消失了，令小付烦恼的事故再也没有发生过，小付在车间同事面前也重新抬起了头。

点 评

班组长小付针对班组问题，发动大家全员参与讨论并形成办法，固化为班组规章制度。

（1）善于发现规章制度存在的缺陷

班组规章制度在运行效能方面具有两层含义：一是规定运行规范；二是

防止运行变异。然而，在实际工作中，班组规章制度存在着运行效能盲点。因此，班组长要把注意力集中到规章制度无法覆盖的盲点上。班组长小付主动思考偶然发生的几件事之间的必然联系，说明他对班组规章制度运行效能的盲点具有高度的敏感性。班组长要明白，班组有了规章制度而仍然出现运行异常，只能说明现有的规章制度存在缺陷。而针对班组运行中出现的异常情况，仍然需要通过规章制度加以完善。

（2）发动全员讨论和完善班组规章制度，形成集体心理契约与承诺

班组在企业中的层级地位和组织规模决定了班组规章制度直接作用于班组成员。因此，全体班组成员参与讨论和完善班组规章制度显得尤为重要。班组长小付首先表示对班组最近出现的事故承担责任，这一点十分重要，给大家提供了自由讨论的空间，随后才出现了班组成员各抒已见、激烈讨论的场景，这种做法是值得班组长学习借鉴的。最重要的是，班组成员都参与到班组规章制度完善的过程中，这样既充分利用了每位员工的实际工作经验来提出问题、分析问题、确定对策、完善制度，又调动了班组成员参与班组规章制度管理的热情和积极性，增强了员工自我管理意识和对规章制度的认可度，形成集体心理契约与承诺，有效地消除了班组成员对规章制度被动接受甚至消极抵触的情绪。

（3）将讨论结果形成新的班组规章制度

由于班组规章制度在运行效能方面存在盲点，班组长有责任完善班组规章制度，而且这项工作应该是一个持续的过程，因为总会有新的盲点出现。班组长小付在认真整理大家意见的基础上形成了《班组日常变化点控制办法》的雏形，又通过全员讨论形成定稿上报，完善了班组规章制度。其结果是关于“规章制度建设”的主题班会开得更勤了，《班组岗位轮换实施细则》《质量控制办法》等一系列规章制度相继制定和完善，加强了班组基础管理工作。

二、安全制度管理

安全制度本应纳入班组规章制度中，但由于安全在班组生产和班组长履职行为过程中处于非常重要的地位，故单独讨论。

安全是指客观环境不会对事物造成危险的状态，这是安全的客观属性。安全也包括人的感受和评价，这是安全的主观属性。安全制度的作用在于让客观环境和事物处于无危险状态。安全制度管理是指班组长根据国家的法律法规、技术标准以及企业的安全规章制度，采取各种措施和方法在班组生产中实施无危险状态的活动，主要体现在安全教育、安全生产、安全防护、安全卫生和安全检查等方面。

保证安全生产是班组长的首要职责。在安全生产方面，对履职能力最大的挑战是班组长主观意识到存在安全隐患，而证实或者证伪隐患将与生产任务的完成发生冲突所带来的两难选择。面对如此困境，建议班组长“宁可信其有，不可信其无”，因为无法完成任务的结果是可以逆转的，而事故所造成的后果是无法挽回的，同样也会导致任务无法完成。当然，提高或者改善班组长对安全隐患的识别能力，缩短证实或者证伪的时间就显得尤为重要。

如前文所述，企业超过 90% 的事故发生在班组，其中人为因素占 65%、管理因素占 25%，而物的因素仅占 10%，所以员工的主观安全意识决定了班组安全事故发生的概率。班组长在履职过程中，要建立持续唤起员工安全意识的机制、氛围与环境，摆出危险因素点，提炼出关键词，用图表展示，分门别类地确定责任人。

总之，班组安全与否是客观存在的，不以人的主观意识为转移，但是人的安全意识也是客观存在的。因此，班组长进行班组安全制度管理的出发点和落脚点在于督导班组成员不折不扣地执行安全制度，使其客观属性与主观属性相统一。因此，班组安全制度管理的核心是在班组中建立持续唤起员工安全意识的机制、氛围与环境。

班组故事

一起未遂事故引发的争论

一天，鞍钢集团公司某厂成品库包装组在班组安全日活动中，为刚刚发生的一起未遂事故展开了激烈的争论：3号桥式吊车中修结束后，检修人员将吊车交给运转班组。由于急需用吊车，运转班组的司机未按规程验收，就匆忙驾车投入生产作业。然而在作业过程中，一根1米多长的钢管从吊车上掉了下来，砸在了包装组的过道上，幸好下面没有人，未造成严重的后果。该钢管为检修时切掉的多余护管，因检修人员未按照安全操作规程认真验收，导致事发之前未发现多余护管的存在。

因为这件事没有造成严重的后果，所以没人在意。但是包装组的安全员老唐却把这件事当成了一件大事，敦促要开展班组安全日活动。老唐的提议并没有得到班组大多数人的支持，甚至还有人反对老唐。但班组长大李对老唐的提议表示支持，要求大家围绕这起未遂事故展开讨论，同时要求建立班组安全制度。

在安全日活动讨论会上，小王首先发言："吊车不是我们修的，也不是我们开的，这件事跟我们班组没有关系，我们已经有10多年没有发生过事故了。"老唐回应道："高处落物会威胁到地面所有人的安全，10多年没出过事故，但并不代表我们班组一定不会出事故。如果不能查明原因，下次肯定会发生同样的事故，到时候会不会伤人就很难说了。"老王说："是不是有点小题大做了，反正也没出什么事。"小刘也表示赞同："没人受伤，设备没坏，算不上事故。"老唐毫不妥协地说道："不对。虽然没有造成伤害，但是这毕竟是一起事故，只不过后果不同而已。事故后果的严重程度具有随机性，我们应该从这些未造成伤害的事故中吸取教训，不要等到发生了伤亡事故后再去查找原因、采取对策。这次事故暴露出我们的安全意识薄弱，不能坐视不理。”老王点点头道：“老唐说得也是，这件事真不能就这么算了。”

见老王点头赞同，班组长大李趁机引导大家：“现在搞清楚空中坠落物件的原因，以后就可以预防坠物伤人的事故。举一反三，我们是不是还应该在更大范围内吸取教训，防止出现安全事故呢？”大家一听，纷纷附和。随着大李的一席话，大家的思想和态度发生了转变，开始就这起未遂事故进行分析、讨论，气氛很是活跃。老王认为：“吊车检修后，员工没有按规定清理现场，把管头留在吊车上，构成了安全隐患，是此次事故的主要原因。无论多忙，都要按照规程开展工作。”大岳说：“如果吊车司机在接车时，能按规定认真检查验收，就会发现这个管头，并把它取下来，这样就不会发生后来的事情了。”小张指出：“吊车上部的周边护栏底部如果能够设置 100 毫米高的踢脚板，即使吊车上有类似管头之类的浮动物，也不会掉下来。按照规定，高处的设备周边护栏下都应该设踢脚板，但很多地方都没设，因为平时没出什么事，所以大家也就没怎么在意。”

“3 号桥式吊车发生的这起事故给我们敲响了警钟，我们要举一反三，吸取教训。比如其他的吊车、高处的可移动设备，甚至是高处的固定设备等，都有可能因为同样的原因出现掉落物。建议对全厂进行全面清查治理，并把严禁在高处设备、高处平台上堆放浮动物，周边要设 100 毫米高的踢脚板等要求写进规章制度中去。”细心的老张想得更宽。老刘补充道：“以此事故为契机，建议对全厂职工开展预防高处坠物伤人事故的教育。”大徐受到启发说：“从事故来看，车间安全通道的设置也不合理，应该改在贯通车间的安全桥正下方。”小王还注意到“有些人，尤其是外来的提货人员，不戴安全帽在车间里走来走去，如果被落物击中头部，后果不堪设想”，他建议在车间门口设置“必须戴安全帽”的警示标志，不戴安全帽者不准进入车间现场。老王也建议道：“要求厂里认真追查这次事故的原因，公开处理相关责任人，这样才能引起大家的重视。”老赵立即附和道：“包括现场那些没戴安全帽的人，都要受到处罚，光靠批评是不够的。”

热烈的讨论使大家对事故有了统一的认识。安全日活动一结束，每个人都迫不及待地开始了从班组到岗位的安全生产大检查。班组长大李和安全员老唐一起把大家的意见和建议进行总结归纳，形成了本班组的安全生产规章制度，并以班组安全生产提案的形式提交给了厂安全生产委员会。

点　评

班组长大李利用未遂事故开展安全日活动，引导班组成员讨论问题、分析原因，建立了持续唤起员工安全意识的机制、氛围与环境。

（1）利用未遂事故，支持安全员开展安全日活动

班组长是班组安全生产的第一责任人，而班组安全员则是班组安全管理的专业推动者和执行者，全体班组成员都是安全管理的主体和客体，所有人都要对安全生产负责。然而在实际生产中，由于生产压力较大，许多班组长在履职行为上更注重于生产任务，因为它是刚性指标，而安全生产的意识比较薄弱。班组安全员的角色和职责决定了其对班组生产的关注点侧重于安全。因此，班组长首先要在人格上尊重班组安全员，其次要无条件地支持班组安全员针对安全生产提出的意见与主张，在此基础上理性地讨论班组安全员的意见与主张。班组长大李支持班组安全员老唐开展班组安全日活动的建议，就是在人格上尊重和无条件支持班组安全员老唐的具体事例。

（2）引导班组成员理性地讨论问题，客观分析原因

班组处于生产一线，生产现场复杂多变，存在不少安全隐患，其中最接近安全隐患的就是班组成员。他们站在自己的角度，有机会和条件识别各种安全隐患。在上述班组故事中，通过开展班组安全日活动，班组成员人人动脑思考安全隐患，非常有利于提高班组成员对安全隐患的辨识能力和掌控能力，为彻

底消除安全隐患创造条件。特别值得一提的是，班组安全员老唐坚持要对未遂事故开展班组安全日活动，提出应该从未造成伤害的事故中吸取教训，不要等到发生了伤亡事故再去查找原因、采取对策，这种安全理念值得学习。

（3）建立持续唤起员工安全意识的机制、氛围与环境

我国的安全生产方针是“安全第一、预防为主、综合治理”，与此同时，国家、行业和企业都制定了有关安全生产、劳动保护和职业卫生的法律、法规、规章、标准和措施，这些制度最终都要在班组中得到落实，并贯穿于班组的整个生产活动中，需要班组成员自觉配合。因此，在班组中建立持续唤起员工安全意识的机制、氛围与环境，促使员工自觉遵守各项安全管理制度就尤为重要。班组安全日活动是建立持续唤起员工安全意识的机制、氛围与环境的有效形式，关键在于班组安全日活动的内容与频次。如果班组长和安全员都对安全问题具有敏感性，那么班组安全日活动一定会更加频繁。

三、责任制度管理

任何企业都有规章制度，只要有规章制度，就会存在如何落实的问题。要想落实到人，就一定要有责任制。责任制是一种制度，规定了班组成员的工作内容、范围、权益及应承担的相应责任。责任制度管理就是班组长运用责任制度来促进、强化员工遵从、执行规章制度，并对其进行考核，从而保证规章制度在班组的有效实施。对于中国企业的班组长而言，实行岗位责任制是班组长在班组实施责任制度管理中的落脚点，也是对班组长履职能力的一种要求。

岗位责任制是由大庆油田创立的一种企业基层管理模式，其核心思想是“把全部生产任务和管理工作，具体落实到每一个岗位和每一个人身上，做到事事有管理、人人有专责、办事有标准、工作有检查”，把企业万千件事和万千个人结合起来，形成了一套行之有效的制度安排。这套制度的效果完全不亚于日本人发明的“5S”管理制度。虽然岗位责任制中所包括的八大制度（岗

位专责制、交接班制、巡回检查制、设备维修保养制、质量负责制、班组经济核算制、岗位练兵制、安全生产制）内容，不能完全适应中国企业的所有班组，但它的思想和原则完全符合中国企业的实际情况。岗位责任制是从时间和空间两个维度，对班组事务根据规章制度和标准化原则进行分解与细化，在责、权、利基础上落实到岗位和个人，规范员工行为，实现预期目标，体现的是分工思想。然而，班组长在履职时，除了从操作层面上完善这种分工思想外，还应该从协作（整合）的思想内涵和外延上对岗位责任制进行拓展。

班组故事

班组间责任制整合形成单元合力

“赵班长，设备坏了，赶紧来看看！”装配车间里的一台设备“趴窝”了，装配班的张班长连忙打电话给负责抢修的赵班长。过了好一会儿，赵班长才赶到设备现场。检查了一遍后，他说：“这台设备是建厂初期进厂的，现在是高产月，很容易出问题。设备的维修备件要由备用班提供，你先填好备件领取单，等备件送来后，再联系我吧。”张班长一听，顿时急了：“这怎么行？你就在这里等着，我马上联系备用班！”张班长联系备用班后得到的答复却是：“现在没有备件，你们等等吧。”

“你让我们等到什么时候，耽误了活儿谁负责？”张班长急得火烧眉毛。抢修班赵班长一看这情形，也气不打一处来：“没有备件，我也只能干等着啊。再说了，还有其他设备需要维修，我可不是只负责你们这一个班。”说完就走了。

备件到货后，备用班告诉抢修班：“你们派人来拿吧。”抢修班的人说：“你给我们送过来吧。”备用班的人却说：“我们凭什么给你们送，你们不会自己来拿？”双方你一言我一语地吵了起来，互不相让。

车间主任得知后很生气，备用班见状才极不情愿地把备件送到现场。随后抢修班赵班长带着几名维修人员也来到了设备旁，经过紧急抢修，设备终于可以正常运转了。

根据此次设备维修过程中出现的推诿扯皮现象，车间主任要求抢修、备用两个班组根据职责划分，重新考虑人员配置和职能调配，提出合理方案。两名班组长召集班组成员召开了一次专题研讨会，讨论如何整合班组责任。

两个班组分别在责任整合专题研讨会议上分析了以前存在的问题，经过集体研讨，得出以下结论。

（1）一个班负责修理，一个班负责保养，虽然职责明确，但是容易造成各自为政、自行其是。往往一方忙得焦头烂额，另一方却无事可干，浪费劳动力。

（2）难以将彼此之间的职能衔接起来。备用班负责设备的前期保养工作，但只是向设备管理部门传递设备的相关信息。抢修班负责设备出现问题后的修理工作，但对关键设备无法做到提前保养。故障发生后，即使抢修也会影响整个生产进度，尤其是在高产月时段。

（3）现场管理混乱，存在安全隐患。

会后，两个班组向车间上报了“责任整合，职能重组”的改善课题。

在得到车间以及其他部门的同意和支持后，原抢修班、备用班人员予以合并，重新划分为维修保养班和计划修理班，并分别赋予相应的职责和职能。人员和职能整合后，在机械修理、机械保养管理方面进行了有益的尝试，同时也提高了机械修理和保养的效率。

下半年的高产月到了，车间主任到生产现场巡检，遇到负责装配的张班长，问道：“最近设备没有‘掉链子’吧？”张班长高兴地回答：“最近设备运转正常，维修保养班人员经常来现场检查，现在不仅正常工作时间来查看，停工时间也总是带上笔和本子，检查记录设备的运行状况。这样，我们的工作就有保障了。”

点　评

班组责任制度管理的核心与关键是明确分工、注重整合、落实责任。

（1）落实责任制度管理，对班组成员明确岗位责任制的分工内容

把生产任务和管理工作具体落实到每一个岗位和每一个人身上，让班组成员正式明确岗位责任的分工内容，是班组长进行责任制度管理的职责所在。只有使员工清晰地了解所在岗位的分工内容，才有可能为逐步完善岗位责任制打下良好的基础。

（2）在明确岗位责任制分工的基础上，整合岗位责任的边界使之融合

案例中备件班和抢修班相互推诿，就是因为存在责任边界。现代企业的班组组织结构有两个主要特点：一是把要完成的整体任务分解成具体的工作或者程序，由不同的岗位承担，即分工；二是以分工为基础，按照整体任务要求协调相关岗位或者流程，形成整体运作模式，即整合。分工和整合始终存在于班组长责任制度管理的过程中，构成矛盾统一体。案例中通过“责任整合，职能重组”的讨论，是以分工为基础的整合过程。因此，班组长在进行班组责任制度管理时，具体理解班组内部岗位责任的“分工与整合”是十分必要的。

四、班组民主管理

民主管理是相对于绝对服从而言的，即管理者在公正、公平、公开的原则下，协调各方的意愿和行为，以达到管理的目的的一种管理方法。民主管理符合人的心理需求，能唤醒人的主体意识、发挥人的主观能动性，体现了以人为本的管理思想，因此也是管理者追求的一种管理艺术。

从管理学的角度来看，班组民主管理的核心理念就是以人为本，强调人格平等。班组民主管理是通过民主的方式实现员工自主管理和班组全员管理，确立班组成员的主人翁地位，增强班组的凝聚力，达到班组绩效与人的发展的有机统一，是具有中国特色的企业基层管理行为模式。中国企业的班组民主

管理思想与现代管理学之父彼得·德鲁克的以设定目标的方式实现员工的自我控制，即以“自由人的身份采取行动”的思想如出一辙，与马克思和恩格斯在《共产党宣言》提出的实现“人的自由而全面发展”也高度一致，即以人为中心。因此，中国企业班组长必须增强真心实意推行班组民主管理的意识和行为。

班组民主管理的基本形式为民主管理会、民主生活会、民主评议会以及在班组开展员工自主管理活动。民主管理会是针对班组工作中的问题，由班组长与班组成员平等讨论，其目的是通过心理契约强化成员间目标任务的顺利完成；民主生活会以工作相关的议题为中心，由班组长与班组成员平等沟通，产生的效果是增进成员间的感情和凝聚力；民主评议会是员工对班组长的履职行为进行评议，或者员工之间相互评议履职行为，从而克服角色地位冲突；员工自主管理活动是在班组建立起一套责任体系，成员间角色替换，其效果是实现成员自我控制与他人控制交互作用。

班组故事

奏出“团结、民主、创新”班组民主管理三乐章

“团结、民主、创新”是某汽轮机厂设计研究中心研发室的班组文化，这6个字就像一曲跌宕起伏的乐章。研发室主任刘工通过班组民主管理，带领大家用智慧和汗水谱写出了和谐的乐章。

第一乐章是“团结就是力量”。夏天的时候，小吴满怀工作热情来到研发室报到。因为刚从大学毕业，缺乏实际工作经验，所以他看着眼前的工作不知从何下手。他向周围的前辈们求教，碰到的却是一个个软钉子。原来企业刚刚完成部门整合，实行竞聘上岗。研发室的成员来自不同的单位，大家都怕竞聘失败，所以各怀心思。面对热心求教的小吴，大家不免心里打起了小算盘：“教会徒弟饿死师傅，他要是学会了，我岂不是没饭吃了吗？”因此，对小吴的请教，大家都搪塞敷衍。小吴满腔的工作热情被浇了一盆冷水。他的信心开始动摇，甚至打算辞职了。

研发室主任刘工注意到小吴的细微变化，他避开小吴将全室员工召集在一起，提议召开民主生活会，让大家反思如果自己是小吴，应该怎么办？这一招还真管用，大家都觉得自己对小吴的态度不对，纷纷表示要改变态度，善待小吴。刘工语重心长地对大家说：“如果大家都怕别人超过自己，而在技术上互相封锁，那么整个团队的技术水平就会下降。众人拾柴火焰高，只有大家齐心协力，心往一处想，劲儿往一处使，才能让研发室的科研成果更上一层楼，公司发展了，大家的收入才能越来越多。”

会后，刘工以身作则，把自己的工作经验毫无保留地传授给了小吴。在他的影响下，不仅全室的员工都来帮助小吴，还逐步打破了技术上彼此防范的隔阂。一时间，研发室里涌现出一批不但自己刻苦钻研技术，而且积极帮助后辈进步的先进分子。团结就是力量，研发室完成的相关设备研发填补了我国核电汽轮机领域的空白，为西电东送工程作出了巨大的贡献。

第二乐章是“科学面前人人平等”。小关虽然参加工作的时间不长，但是他热爱学习，遇事喜欢主动钻研，在平时的工作中不会盲目地依赖前辈的经验和方法，往往有自己的一套独特想法。正在研发的超临界 30 万千瓦空冷机组在末级叶片的振动特性分析方面遇到了前所未有的困难。经过大胆假设、小心求证，小关和同事们开发了一套用于分析末级叶片振动特性的有限元计算方法，但由于该方法的分析结果与传统分析方法的分析结果差别很大，因此被德高望重的权威叶片专家毫不留情地予以驳回。

“是不是真的错了？”小关想。尽管小关年纪尚轻、经验尚浅，但是研发室里的同事们非但没有因此忽视他的报告，而且共同探讨问题，鼓励他继续论证。为此，研发室主任刘工主动要求召开民主管理会，讨论如何帮助、鼓励小关。一直支持小关的顾工在民主管理会上说道：“你的计算方法很有创意，这是一种全新的思路，咱们继续努力完善它，一定能得出正确的结果！”刘工鼓励道：“小关，不要气馁！不管什么时候，都要有自己的想法，敢于提出自己的观点，这才是正确的。在科学面前人人平等，不存在神圣不可侵犯的权威，不要拘泥于条条框框，对自己要有信心！”小关深受鼓舞，信心倍增。在同事们积极的帮助下，这一方法进一步得到完善。经过一系列的仔细验算后，他对自己的算法更加坚定了信心，郑重地提交了计算结果，引起了公司管理层的高度重视。半年后，该成果荣获当年企业科技进步一等奖，小关个人更是获得了集团首届科技贡献奖。

第三乐章是“争作科技创新领军人”。研发室承担着“1200毫米长叶片开发项目”这一光荣而艰巨的任务。该叶片为国内开发的最长叶片，对于开发和建设大型发电机组具有重大意义。若研制成功，将填补我国在该领域的空白，彻底结束该等级叶片全部依赖进口的被动局面，无疑对树立公司形象具有重大意义。研发室主任刘工通过民主评议会，决定将此项重大技术攻关任务交给李工。接到这一重大任务后，李工一头扎进了艰苦的设计工作之中。经过700多个日日夜夜的艰苦奋斗后，李工终于完成了1200毫米长叶片的气动设计，为公司的产品研发与技术进步立下了汗马功劳。

通过班组民主管理，研发室始终追求“团结、民主、创新”。大家用智慧和汗水奏出了当代科研人员不断进取、勇于创新、勇攀高峰的壮美乐章。

点　评

研发室主任刘工牢牢把握以人为本的班组民主管理核心理念，凸显人格平等，确立员工主体性地位，增强了研发室凝聚力，创造了佳绩。

（1）召开班组民主生活会帮助小吴解决困难，奏出研发室团结新乐章

民主生活会可促进班组长与员工围绕工作相关问题进行平等沟通，以增进成员间的感情和凝聚力。从文化角度来看，民主生活会根植于“自省”这种中

国文化，即从内心审视自己的思想和行为。从心理学角度来看，自省又被称为自我观察法，是一种对主观经验和自身变化的观察。因此，班组民主生活会是我们中国人创造的一种班组民主管理形式。研发室主任刘工看到小吴向周围的前辈们求教碰壁，便避开小吴把全室员工召集在一起召开民主生活会，让大家反思如果自己是小吴，应该怎么办。这就是要求大家自省，取得了良好的效果。

（2）召开班组民主管理会帮助小关坚定信心，奏出研发室民主新乐章

民主管理会是班组长与员工针对班组工作中存在的问题平等讨论，其效果是强化成员顺利实现目标任务的心理契约。班组民主管理是要唤醒人的主体意识，发挥人的主观能动性。研发室主任刘工通过班组民主管理会的形式支持小关，并带动全体研发室成员支持小关，帮助他冲破思想枷锁，坚持科学真理，实现自我超越，值得班组长学习借鉴。

（3）召开班组民主评议会帮助李工开展研发工作，奏出研发室创新新乐章

民主评议会是指员工对班组长的履职行为进行评议，或者员工相互之间对履职行为进行评议，从而克服角色地位冲突。在这个班组故事中，研发室主任刘工通过民主评议会决定将1200毫米长叶片开发项目交给李工，其意义在于不仅避免了班组成员之间的角色冲突，更形成了一种集体心理契约，激发了李工的工作热情。避免独断专行，遇事与班组成员商量，是班组民主管理的核心要义。班组长履职时需要自我主张，否则难以有效履职。不过，班组长最容易犯的一个错误也是自我主张。针对这一悖论，班组长在遇到问题需要自我主张时，应该增加一项程序，即召开民主评议会，把班组的大事、要事与大家先议一议，即民主集中制，这是在班组长的职权范围内完全能做到的。

本章思考题

1. 什么是规章制度管理？试讨论如何保持企业规章制度在班组的稳定

与优化。

2. 什么是安全制度管理？试讨论如何保证安全和生产二者同时有效落实。

3. 什么是责任制度管理？试讨论如何用好岗位责任制。

4. 什么是班组民主管理？试讨论如何开好民主管理会、民主生活会和民主评议会。

第 5 章

技术管理

学习目标

能理解技术管理及工艺管理、质量管理、标准化管理、设备管理、技术革新和合理化建议的内容。

能开展工艺管理，督导员工落实工艺文件、严格工艺纪律、执行工艺规程，并通过工艺检查来发现问题，采取整改措施。

能开展质量管理，通过班组组织进行系统质量控制和质量改进，确保达到质量指标。

能开展标准化管理，通过工序操作标准化保证班组的产品（服务）质量，并优化标准化作业的流程。

能开展设备管理，指导和督导员工掌握设备的性能和操作方法，落实设备安全操作规程与维护保养制度。

能开展技术革新和合理化建议，要具有激发员工进行技术革新、提出合理化建议的意识与行为。

技术由主体因素和客体因素两个部分构成。主体因素主要是指经验、技能和知识。我们所讨论的技术主要体现主体因素，是指跨行业的生产技术体系与意识，即为实现生产目的而共同协作组成的各种工具和规则。从企业的角度来看，技术是指人们在生产经营活动中通过实践获得的知识、经验和技能，以及与之相连接的客观物质手段的集成。因此，技术管理是指班组长把企业的技术以及系统组合到班组生产活动中，建立班组良好的生产秩序，指导和督导员工正确运用技术体系做正确的事，以实现生产的目的，创造班组绩效。

班组长首先需要明确员工的技术能力。如果员工的技术能力不足，班组长的首要职责就是培训员工，使他们的能力完全符合完成班组目标任务的要求。其次是完成技术体系实施前的准备工作，即逐步建立一个良好的环境与工作条件，使整个班组能够有效地实施技术体系，并让全体班组成员适应它。最后是指导和督导员工正确运用技术体系实现生产目标。

技术管理主要内容包括工艺管理、质量管理、标准化管理、设备管理、技术革新和合理化建议。

一、工艺管理

工艺是利用生产工具对投入品进行增值加工或处理，使其成为产出品的方法、步骤与过程。从班组成员角度来看，工艺是指利用生产工具对原材料、半成品进行加工或处理，使其最终成为成品的方法和过程，是班组成员生产的先决条件与作业依据。工艺管理是指班组长为保证产品或者服务的质量，督导员工落实工艺文件、严格工艺纪律、执行工艺规程，通过工艺检查发现问题并采取措施的过程。

班组是工艺实践的场所，员工是工艺实践的主体。因此，班组长在工艺管理中的首要职责是在班组构建工艺实践的理想环境以及督导员工严格遵守工艺纪律。然而，对于班组长来说，最大的挑战就是在班组构建工艺实践的理想环境及氛围。这是因为工艺规范是员工规范作业的基础，长期人为控制员工按照工艺规范进行作业，容易造成班组长和员工心理疲劳，难以保证工艺规程执行的稳定性和持续性，而创造一个理想的环境来控制氛围，能够使员工在执行工艺规程时的被动行为逐步转变成主动行为。

在工艺管理过程中，班组长应具备识别关键岗位或者关键工序的能力，并实施差异化管理和控制。同时，班组长的工艺管理职责是维护班组工艺文件的正确性、合理性与完整性。

班组故事

铅封工艺改进的故事

铅封是航空发动机装配试车的最后一道工序。发动机试车合格后，由当班的试车工人在发动机的各个装配部位安装铅封片，以示装配试车合格，最终由参数尺寸锁定。由此明确操作者的责任后，发动机才能出厂。某航空发动机公司装配试车厂五号台试车班承担着这一任务。临近年底，眼看着生产任务就要完成了，可就在这个节骨眼上，装配试车的最后一道工序铅封却出了问题——铅封片供应不上。发动机铅封工序搁浅就意味着发动机出不了厂，领导急得像热锅上的蚂蚁，试车班班组长老刘压力巨大。他二话不说，立即组织大家加班，用手工方式弯制铅封片。经过全体班组成员的共同努力，虽然最终完成了生产任务，但是铅封片对生产造成的影响成了老刘的一块心病。

自建厂以来，铅封片一直采用手工弯制。在弯制过程中，不仅经常划破手，而且废品率很高。有一天，他随机抽取了10位不同试车台架的工人，要求每人用尖嘴钳弯制铅封片，结果令他大吃一惊，每10人手工弯制100个铅封片平均耗时42分钟，而平均废品率高达28%。同时，制作铅封片计算工时少，因此谁都不爱干这个活儿。轮到班组执行铅封工序，老刘就只好自己组织人弯制铅封片。

如何解决铅封片手工弯制的工艺问题？思来想去，老刘决定和大家商量一下如何改进铅封片的弯制工艺。在班组会议上，老刘提出了对铅封片的弯制工艺进行改进的设想。吃够了铅封片手工弯制苦头的班组成员把憋在心里的话都说了出来。小许先打开话匣子："我已经受够了天天用手弯制铅封片，最好有一种既省时又省力的工具，可以代替手工操作。"小侯则认为："手工弯制与现代化生产的要求实在太不匹配，我们要做彻底的改变，最终达到标准化工艺。"老刘汇总大家的意见后，把工艺改进的目标锁定在每10人弯制100个铅封片，平均耗时为20分钟，废品率由原来的28%下降到5%。

大家提出两种工艺方案：一种是使用一根弯曲成直角的不锈钢棒，在钢棒的一端锯开一个口子，把铅封片毛坯放进开口里，用手捏住开口，另一只手转动弯柄，铅封片就弯制完成了；另一种是设计一个相对复杂的工装，可以方便地弯制铅封片，同时保证铅封片的弯曲精度，减少废品产生。工艺方案确定后，班组分工明确：老刘带领一名成员负责草图绘制、工装零件加工；另外三名成员负责工装试用；老刘同另一名员工负责最终的效果检查和评价。

实施第一种方案后，同样抽取10人，将弯制100个铅封片的平均耗时和废品情况与改进前的数据进行比较，结果显示，改进后所用时间为32.7分钟，比改进前缩短了9.3分钟；废品率为14.4%，比改进前降低了13.6%。但是，这样的改进并不能达到既定的目标，也不能完全脱离手工操作，于是大家决定试一试第二种方案。

为了提高工装的可操作性，班组成员利用圆珠笔芯在笔筒内固定和弹出的原理，在壳体内孔增设弹簧用来保证钢棒复位。将加工出的2件工装成品在8个试车台架上轮流试用，并与第一种方案进行比较。结果显示每10人弯制100个铅封片的平均耗时为17.7分钟，废品率为0.8%。对此结果，班组成员仍然不满意，因为他们发现还有改进的空间。经过进一步调整工艺，试用结果为每10人弯制100个铅封片平均耗时为15.2分钟、废品率为0.4%，远远超出每10人弯制100个铅封片平均耗时20分钟、废品率5%的目标值。

试车班工人改进工艺的成果得到了厂部工艺部门的认可，经过半年试用后，被纳入正式的工艺规程。

点 评

班组长老刘在严格执行工艺要求的前提下，根据生产需要组织全员参与、反复论证、多次试验改进工艺。

（1）根据生产发展需要与实际，主动思考工艺改进问题

从班组工艺管理的角度出发，班组长在履职时都会落实工艺文件，执行工艺规程。然而，由于实际生产条件和环境的动态变化，决定了班组工艺管理必须随着生产条件和作业环境的动态变化而进行相应的工艺改进。但是实际上，很少有班组长会思考这些问题，提出这样的问题。班组的层级地位决定了班组长要直接面对生产岗位和员工作业实践，生产条件和作业环境的动态变化必然会带来新的问题，所以班组的工艺也需要改进。班组故事中老刘对影响生产的铅封问题进行工艺改进，就值得班组长学习和借鉴。

（2）具有带领全体班组成员参与工艺改进的意识和行为

班组工艺改进，无论是在理论上还是在实践中，都要由全体班组成员参与。这是因为班组工艺改进的成果必须由员工来执行，所以班组成员必须参与其中。班组长老刘和班组成员商量如何改进铅封片的弯制工艺，说明他具有带领全体班组成员参与工艺改进的意识。第二套工艺方案的成功是老刘带领全体班组成员反复实验、论证的结果。最后这一工艺被正式纳入工艺规程，是班组长老刘进行工艺管理的成果。

二、质量管理

质量是企业的生命线，对企业的发展起着至关重要的作用。企业时刻在检验质量，也时刻接受质量的检验。因此，质量是班组工作的出发点和落脚点。按照 ISO9000 国际质量认证体系的定义，质量是指一组固有特性满足要求

的程度。这一定义可以指产品或服务，也可以指活动或组织，具有广泛的包容性。广义上的理解是指产品、体系或过程的一组固有特性满足规定性要求的程度，可分为产品质量、工序质量和工作质量；狭义上的理解是专指实物产品的质量，包括实物产品的内在和外在质量特性。

企业质量管理是一种统称，指导和控制企业中与质量有关的管理活动。班组质量管理是企业质量管理的基础，是班组长通过班组组织系统地进行质量控制和质量改进，确保质量指标实现的管理职能活动。班组长是在全面质量管理和ISO9000国际质量认证体系的理论框架内进行质量管理。

由于班组是实现质量指标的场所，所以现场的质量控制是质量保证的基础。由于产品（服务）是过程的产物，因此过程的质量决定了产品（服务）的质量。而过程组成了体系，这也就决定了现场的质量控制不仅由班组长个人控制，而且由班组组织体系控制。因此，在质量管理活动中，班组长应该具备运用班组组织体系对作业过程进行控制，确保过程达到“顾客”质量指标要求的履职能力，即遵守事前预防的内部用户原则，不接受、不制造、不传递不良产品。

质量改进又是不断完善班组的人、机、料、法、环体系的持续过程，使得班组长和班组成员容易产生认识盲区和心理疲劳。因此，班组长还应该具备领导班组成员运用PDCA循环工作法，组织开展全面质量管理小组（QC小组）活动的履职能力。

班组故事

钣焊加工厂马虎大意酿成大错

一天，某航空发动机公司的钣焊加工厂焊接班组接到了某重点型号航空发动机的焊接任务。由于情况紧急，班组长老郭挑选了技术较全面的小申承担这项工作。他的目标很明确，就是要在最短的时间内保质保量完成任务。因为以前做过类似的工作，小申拿到图纸后立即就去材料室领取了焊料。小申平时工作很认真，每次领焊料的时候，他都会对照图纸，找出材料的牌号，确认图纸与焊料文实相符后才开始作业。但是这次不同，因为爱人临产，小申想尽快把工作做完，陪爱人去医院，所以忽视了将材料牌号与实际焊料进行核对这一关键环节。

小申干完活，将零件转到下一道工序后，就陪爱人去了医院。没想到在下一道拉伸工序时，16 件零件都有裂纹。经过理化检测技术研究室鉴定，发现是由于焊接作业者将 GH44 牌号材料焊条错用在 1Cr18Ni9Ti 焊料上，导致 16 件零件全部报废。关键任务出了差错，一时间轰动了全车间。小申那几天的精神压力非常大，连爱人生孩子的事也顾不上了。

小申仔细回忆了一下领料时的情景，货架上的标签明明是 1Cr18Ni9Ti，但从货架上取的焊料怎么能是 GH44 呢？他百思不得其解。班组里的同事们都很纳闷：小申平时挺细心的，怎么会出现混料呢？就在大家议论纷纷时，有人提出了一个问题：是不是前一个人下完料没有及时更换货架上的标签，把头部还没来得及涂上标识颜色的 GH44 焊料存放在了 1Cr18Ni9Ti 焊料标签的下面？问题恰恰就出现在这里。小申在领料时只看了材料标签，并没有与焊料实物进行核对。

事故发生后，班组长老郭一边给小申做思想工作帮他放下包袱，一边召开质量分析会，让大家从方方面面深入查找原因。小张指出："从这起混料事故看，班组长期以来都是自己下料、自己做标识，对焊料的管理不科学，很容易出错。"小李则说："我认为事故的原因在于相关人员责任制落实不到位。如果检验员能够及时完成首件三检，也许就不会成批报废了。"小王提出了自己的看法："这次事故与小申的工作粗心大意有关，他领取材料时没细心对照，操作时又没仔细观察。"小郭说："如果小申不急着送他的爱人去医院，也许就不会出这事儿。"小纪补充道："班组长经常提示一下大家，也许事故就能避免。"

班组长老郭认真记录大家提出的意见，运用全面质量管理的基本方法在黑板上画出鱼刺图，从人、机、料、法、环五个方面系统分析事故原因。通过分析，在如图 5-1 的 13 个因素中，确定了造成这起混料事故的 5 个主要因素，即操作者精力不集中、爱人将要临产、材料标识不清、未按图纸核对材料牌号、检验员漏检，从而明确了事故责任人和责任单位。

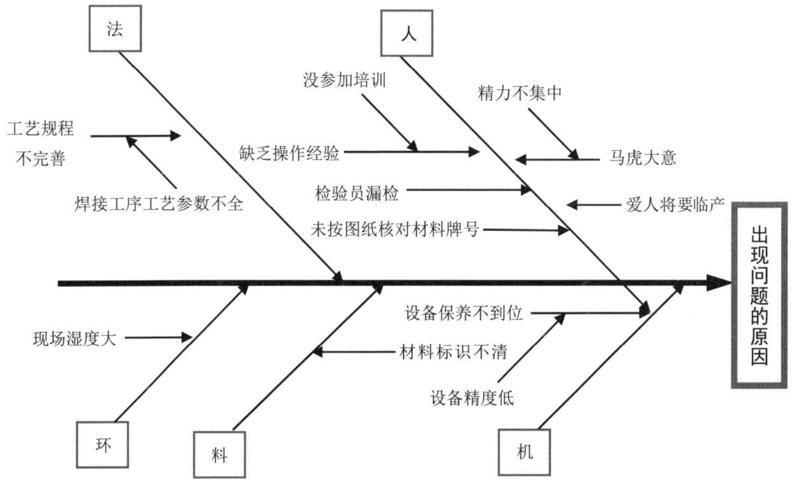

图 5-1　事故原因鱼刺图

班组长老郭还把这起质量事故作为班组质量教育的活教材。凡是班组里新来的同志，都要吸取这起混料事故的经验和教训。为了避免这种情况再次发生，老郭组织班组骨干对班组工作进行认真研究，制定了具体的质量改进措施，建立了焊接工人的岗位责任制，包括绘制焊接加工程序图、制定 39 种焊条的彩色标识管理办法等。这样可以从源头上堵住错用焊料的漏洞，防止焊条混料事故再次发生。

点　评

班组长老郭面对质量事故不埋怨，而是用科学的态度分析质量问题。

（1）面对质量问题的正确态度，首先是不埋怨，其次是找原因

班组成员是人不是神，是人就会犯错误，所以班组质量问题是难以避免的。这就是需要进行班组质量管理的原因，班组长必须明白这一点。然而班组长在面对班组质量问题时，却有两种截然不同的态度：一种是埋怨员工；另一种是分析原因。出现质量事故，员工本身就会有愧疚感，再去埋怨，只会让当事人更加内疚。班组长老郭给小申做思想工作帮助他放下思想包袱，同时也意识到这次混料事故实质上反映了班组在质量管理上的漏洞，所以他没有放过质量事故，而是召开了质量分析会，让大家从方方面面深入查找事故的原因。

（2）采取科学的态度分析问题出现的原因

班组长老郭利用鱼刺图从人、机、料、法、环五个方面对事故原因进行系统分析，并从众多因素中提炼出 5 个主要因素，明确了事故的责任人和责任单位，为班组质量整改指明了方向。经过有针对性的措施的实施，尤其是相关制度的制定，使班组质量管理水平上了一个新台阶。

（3）将质量事故作为教材，持续改进是班组质量管理的永恒主题

班组长老郭把这起质量事故作为班组质量教育的活教材的做法值得借鉴。因为以身边的质量事故作为案例，不仅能起到警示作用，还能起到质量持续改进的引领作用。持续的质量教育和持续的质量改进是班组质量管理的永恒主题。

三、标准化管理

标准是对重复性事物和概念所做的统一规定，主要分为技术标准和管理标准。班组的标准化管理工作分为两个方面：一方面是贯彻执行生产技术的国家标准、行业标准和企业标准；另一方面是班组标准化作业，也就是将班组自身的作业、操作和管理环节进行统一化、规范化、程序化和简单化。其中，工序操作标准化是保证班组产品（服务）质量和劳动效率的基础，也是班组标准化

管理工作的重点。

班组标准化作业主要包括四个方面的内容：一是生产服务标准化；二是工序操作标准化；三是日常管理标准化；四是原始记录标准化。标准化管理由上级予以规范，班组长的主要职责是在班组贯彻落实标准化管理。因此，班组长在熟悉班组标准化管理内容的前提下，首先要具备指导和监督员工按照标准化作业的履职能力。其次，标准化作业是指安全地生产出让“顾客”满意的产品而无浪费，并由任何人都能遵守的理想作业条件构成的系列过程。当然，这种理想的作业条件也会随着人的认识和技能水平的提高而不断变化。因此，班组长还要具有带领员工审视固有作业习惯、改善标准化作业水平的履职能力，即科学地运用工业工程技术，在定量化的基础上进行必要的改善。

总之，班组长只有在班组重复性作业时才能进行标准化的管理。如果作业是随机的、无规律的或者一次性的，就没有必要实行标准化作业了。在此情况下，强行实施标准化作业反而会造成更多的浪费。

班组故事

运用“要素山积表”在班组进行标准化作业改善

某商用车厂车架车间装配线班组长小刘到某地的丰田公司进行为期3个月的脱产学习。通过这次学习，小刘亲身体验了丰田公司先进的管理模式，熟练掌握了标准化作业的知识和方法，并且有一种迫不及待地想要立即投入自己的班组中进行实践的冲动。

小刘所在的班组共有24名员工，主要从事汽车车架总成的流水线生产，员工的劳动强度大、作业时间长。回到班组，小刘觉得一切都那么熟悉和亲切，可是对照着刚学到的先进管理方法，他看到的却是员工在操作过程中习以为常的种种不协调、不合理的浪费现象，这让他更加坚定了要尽快在班组开展标准化作业的决心。

利用休息时间，小刘向大家汇报了自己的学习经验，重点讲解了标准化作业的目的、作用以及方法，同时指出了员工在现行操作过程中存在的种种问题。对于小刘总结出来的各种问题，大家都不以为然，议论纷纷。面对大家的不解，小刘也没有多作解释，他相信随着标准化作业的开展，大家会逐步对这些问题有新的认识和理解。

小刘首先选择了生产效率较低的新产品“8★4”车型车架总成环节来实行标准化作业。首先，他组织大家对班组的各个工位进行作业写实：把节拍时间内的作业内容分解为走动时间、准备时间和纯作业时间，并用秒表测出各要素的作业时间，然后制作出“要素山积表”，即把班组各工位的作业内容以柱状图的形式显示在目视板上，同时对每个员工的作业过程进行录像。小刘一边引导大家对录像中每名员工的作业过程进行分析，一边讲解 7 种浪费现象以及动作经济原理，让大家渐渐认识到作业中存在的问题，并纷纷指出各种新问题，如每次作业都弯腰取件劳动强度大、器具摆放不合理造成取件走动路线长、作业时工位间相互干涉造成等待时间长等。

看到班组成员这么快就发现了问题，小刘感到非常高兴。他鼓励大家继续深入剖析问题，进一步认识到平时看似紧张忙碌的工作，实际上却存在着大量的无效劳动，最终导致班组的实际生产效率低下。

那么，该如何改变现状呢？大家焦急的目光又转向了班组长小刘。小刘信心十足地对大家讲：“标准化作业是有效解决这些问题的最佳途径。这种方法还可以保证安全，提高质量，降低成本。但是标准化作业要按照一定的步骤进行，我们现在所做的工位写时、制作‘要素山积表’都是开展标准化作业的基础工作。只要大家积极参与，短时间内我们班组的生产效率肯定能提高不少。”小刘的话让大家备受鼓舞，纷纷表示支持。

有了大家的支持，小刘的信心更足了。他组织班组骨干员工成立了改善小组，以走动时间和准备时间为重点，逐一工位运用人机工程学分析以及动作分析实施动作改善；运用“要素山积表”分析全班组的工作量，找出节拍时间内影响生产效率的瓶颈因素，重新进行调整和优化班组各工位的工作量，使各工位在满足节拍要求的前提下趋于均衡，从而有效地提高班组的整体工作效率。

为了确认调整后的工作量是否合理，确定标准作业顺序，小刘又组织大家编制了“标准作业组合表”。每一个工位的标准作业顺序确定后，小刘都要亲自进行操作，确保在节拍时间内能够完成作业，然后再培训操作人员，以此规定每名作业人员在节拍时间内必须执行的操作顺序，杜绝员工作业时出现的随意性现象。

标准作业顺序确定后，个别员工固有的操作习惯难以在短时间内改变。针对此类问题，小刘组织编制了“标准化作业表”，将节拍、作业顺序、标准在制品数量、纯作业时间、质量检验的位置和员工安全的注意位置一一记录在案，并配以图示张贴在醒目的地方，使每名作业人员都能看到。小刘还能根据“标准化作业表”及时判断作业人员是否在标准作业。

为了使大家更全面地理解标准化作业，小刘带领员工制定了“标准作业要领书”，详细说明了标准作业顺序中每项作业的细节、重点和质量管理方法，并配以图示，使作业者一目了然，能很快地按照标准化进行操作。

“8★4”车型车架总成装配线班组实施标准化作业后，生产效率提高了近80%，在制品的资金占用减少了70%，产品的质量和安全性得到了极大的提高，班组生产秩序由现在的轻松有序取代了过去的紧张忙碌。

点　评

班组长小刘在遵守标准化作业的基础上，通过学习，带领员工改善作业标准，提高了班组的劳动生产率。

（1）把所学到的管理知识和技术运用到班组管理实践中

在现实中，很多班组长都参加过一些培训活动，却很少有人能把所学习到的管理知识和技术运用到班组管理实践中。当然，这也要看培训内容是否符合班组的实际情况。班组长小刘学习了丰田公司先进的管理模式后，熟练掌握了标准化作业的知识和方法，看到员工在操作过程中习以为常的种种不协调、不合理的浪费现象，有一种迫不及待地想要立即投入自己的班组中进行实践的冲动，这样的心智模式值得班组长学习和借鉴。

（2）转变员工的固有观念和旧有习惯，通过标准化作业改善有效地提高劳动生产率

既然是标准化作业，那么员工首先要做的，就是遵守现有的标准进行标准化作业，这是班组长改善标准化作业的必要前提。标准化作业的目的是通过有效率的劳动来提高劳动生产率，但是高效率的劳动并不意味着员工要进行非常复杂的劳动，而是要消除因浪费时间、多余动作和行动不便所带来的无效劳动。班组长小刘通过分析，让大家渐渐认识到作业中存在的问题，并纷纷指出各种新的问题，即用事实转变了员工的固有观念和旧有习惯。当班组成员对固有观念和旧有习惯产生新的认识后，班组长就可以带领大家积极参与标准化作业改善了。显然，如果没有大家的参与，仅凭小刘一个人的努力，是不可能推动装配线标准化作业改善的。

（3）辨别适合进行标准化作业的内容

开展标准化作业和标准化作业改善必须树立两个核心理念：首先要以人的动作为中心考虑问题，这是设计标准化作业与标准化作业改善时必须牢记的关键点；其次是只有重复进行的作业才能进行标准化，这意味着要对作业进行分析和辨别。

四、设备管理

设备是指在生产过程中所使用的各种机械和装置，也包括工具。设备、工艺、操作是企业的三大技术基础，而设备状态的好坏是做好工艺、操作的先决

条件。设备管理是指正确地使用和维护设备和工具，使设备和工具经常处于良好状态，并做好原始记录的管理过程。

班组是直接使用设备的场所，员工是设备的直接操作者。因此，班组长在开展设备管理工作时要具有指导、督导员工正确使用设备、熟练掌握设备性能和操作方法、落实设备安全操作规程与维护保养制度的履职能力。在此基础上，班组长在设备管理过程中还应该有推行全员生产保养（TPM）活动的能力。

TPM 是一种以提高设备综合效率为目标、以全系统预防维修为过程、以全体人员参与为基础的设备保养和维修管理体系。其理念之一是要求将设备的操作人员当作设备维修中的一项要素，在此前提下，“我只负责操作”的观念不再适用。因此，班组长在班组推行 TPM 时，应该掌握两个关键点：一是培养员工自主参与的意识；二是培养员工设备维护保养的技能。正如大野耐一在《丰田生产方式》一书中所说：“设备的价值不是由使用年限和型号的新旧程度决定的，而是由它能保持多大的工作能力决定的。”

班组故事

“设备主人制”

班组长大李所在的自动化运维班负责一市四县 65 座 110 千伏级以上变电站自动化系统的建设与运维，处理实时信号，远程控制 18 万余条线路，是地区电网的“大脑”和“眼睛”。他担任班组长的 5 年来，所在市行政区域不断扩大，电网基础设施不断提升，自动化运维班管辖的变电站数量由 5 年前的 32 座，增加到现在的 65 座，整整翻了一番。

在迎峰度夏时期的一天凌晨 2 点，大李接到变电运维室汪主管的电话，反映 110 千伏安站的 103 开关远程遥控失败，要求大李安排人员前往现场。大李立即分别联系班组成员小张、小韩、小钱。小张说他心里没底，不敢去；小韩说能去，但是具体怎么处理就不清楚了；小钱则是电话关机，联系不上。无奈之下，大李只好叫来一名老师傅到现场处理问题。这两年，老师傅们集中退休，新来了3名年轻员工。但是年轻员工的成长速度很慢，很少有人能独当一面。眼看着繁重的工作任务与有限的技术力量之间的矛盾越来越大，大李感觉到肩上的压力越来越大，65座变电站的维护工作也越来越吃力。就在大李为年轻员工的培养发愁的时候，上级推出了“设备主人制”管理措施，要求对每一台设备都要落实其主人，明确维护职责。大李灵机一动：将“设备主人制”与班组的情况结合起来，或许能解决这个问题。

实行“设备主人制”后，小张、小韩、小钱各管一块“自留地”，根据自己对变电站的熟悉程度选择负责的运维站，充分发挥优势，培养主人翁意识。确定设备主人后，明确了主人的职责，并统一制作标签，在每一台自动化设备上粘贴设备主人的姓名和联系方式，一方面可以让运维人员在发现问题后第一时间在现场与设备主人取得联系，提高故障排查的效率和准确性，另一方面也增强了年轻员工的责任意识。与此同时，建立和完善以“设备主人制”为核心的班组绩效考核制度。在班组内对设备主人进行同业对标，与绩效考核密切联系，并与外出培训、荣誉以及晋升推荐等奖励措施挂钩。

3名年轻员工成为各自运维站设备的主人后，一改往日“躲”在班组长身后被动接受作业任务的状态，成了所辖区域的“小班长”。身为设备的主人，他们很快就熟悉了管辖范围内的设备，与其他专业的同事直接交流，迅速提升了自己的专业能力。经过全方位的锻炼，专业“尖兵”的工作成效已初步显现，该班组连续在两届省公司专业竞赛中荣获第一名，并获得专利成果。

点　评

班组长大李通过运用“设备主人制”的管理制度，唤起了员工对设备管理的责任意识，激发了员工的主观能动性。

（1）通过运用“设备主人制”制度，唤起员工的责任意识

企业设备管理普遍推行全员生产保养（TPM）活动。TPM 是以提高设备综合工作效率为目标、以全系统的预防维修为过程、以全体人员参与为基础的设备保养和维修管理体系。班组成员小张、小韩、小钱在遇到设备问题后，都习惯性地退缩，从而导致班组设备维护工作的压力越来越大。由此可见，班组长在设备管理中推行 TPM 活动，首先要唤起员工共同参与的责任意识。通过运用“设备主人制”确立每个人的职责，唤起员工的责任意识，其行为的内在动力也就产生了。

（2）通过运用“设备主人制”制度，激发员工的主观能动性并予以赋能

班组通过 TPM 活动来管理设备，必然要全体员工参加。因此，发挥人的主观能动性并予以赋能是管理的关键，而“设备主人制”的意义就在此。人们常说激发人的主观能动性是很重要的，但实际上，很多班组长很少关注甚至完全忽视了如何有效地激发人的主观能动性。班组长要始终明白，虽然工作具有规定性，但是人对工作的规定性有选择的自由，可以是积极的，也可以是消极的。因此，要学习班组长大李通过运用“设备主人制”来激发班组成员的主观能动性并予以赋能的行为。

五、技术革新和合理化建议

技术革新和合理化建议是具有中国特色的企业基层班组管理活动的一种形式。技术革新是指对班组机器设备、工具、工艺技术等方面的改进和革新，主要是对“物”；合理化建议是指在班组生产、经营或服务等技术与管理方面有关改进和完善的办法和措施，主要是对“事”。现代心理学告诉我们，每个人都具有不同程度的某种经验，经验可以推广应用，而人又具有转移经验的能力。当我们把解决某个问题取得的经验用来解决类似的其他问题时，就是运用转移经验的能力。当然，一个人要想转移经验，首先要善于发现问题以及发现

不同问题之间的相似处。因此，提倡技术革新和合理化建议，可以鼓励班组成员发现问题以及发现不同问题之间的相似处，从而转移他们的经验。

在中国提倡在班组开展技术革新和合理化建议活动，实际上比日本人或者美国人提出的具体管理活动方式更具有普遍意义，因为它概括形成了指导基层管理实践的一般方法。具体表现为中国企业班组开展的“五小”活动，即小发明、小创造、小革新、小设计、小建议。因此，在班组推行技术革新和合理化建议并完善其活动，是中国企业班组长的历史责任。班组长应在履职过程中认真实践并不断完善，使之形成一套操作规范和理论体系。

由于员工零距离接触班组中的事和物，对其不合理性具有切身的感受与领悟，并能从细微处找到解决问题的思路与办法。因此，班组长履职的关键在于激发员工进行技术革新的意识，促使他们提出合理化建议，即运用职权和资源，在班组构建制度、机制与环境氛围，激励员工进行技术革新，提出合理化建议。班组长还要明白，在班组开展技术革新和合理化建议活动，除了要培养和提升员工的能力素养外，更重要的是赋予工作以价值，让员工得到认知与实现自我价值，并对班组组织产生归属感。

班组故事

班组“流程再造”的合理化建议

某电子信息产业公司的每一位员工都非常重视在成本中所占比例最高的物料成本，无论是大批量来料，还是只有一片原材料退货，公司都有严格的控制流程。烦琐的流程需要花费大量时间进行管理，而提出改进流程的合理化建议则始于一宗废品丢料事件。

这一天，采购小组主管小陈听到采购员小安在气急败坏地打电话。她上前询问才知道，原来是小安通知供应商让他们来取退货，但是供应商到了之后，却发现要退的废品数量不符，单子上写的是54件，可仓库管理员却一口咬定只有5件。小安抱怨道："每周都要处理退货，数量还经常出错。花费的成本比物料本身的价值都高。"

说者无心，听者有意。主管小陈召集了相关人员，对整个流程进行了重新审评，结果发现这个退货流程确实复杂。在采购的原材料中，总有一些缺陷是IQC（来料质量控制）抽样无法检测到的，直至到生产线上才能被生产员工发现。因为材料成本高，所以生产线上的员工都会认真地挑选出有缺陷的材料，然后打包送到报废仓库。报废仓库的员工看到标签为来料缺陷，与生产部门确认该缺陷物料及所属来料批号后，将其转入IQC退货仓。退货仓将缺陷检验报告交给原材料工程师，再由原材料工程师通知供应商到工厂确认物料缺陷和数量。供应商确认后，给出编号，采购员才能根据编号开出寄货单。该批物料由进出口部办理报关手续后送往香港，供应商再从香港货物承运商的仓库中将废品拉回自家工厂。同时，财务部向供应商开具收款通知单，从供应商的货款中扣除这笔款项。由于需要定期结算，每个周末或月末都要进行上述流程，哪怕只有一片材料退货，也要进行这样一个复杂的流程。糟糕的是，由于流程复杂，参与人员众多，经常会出现错误和争执。

主管小陈针对废品失踪的问题，召集采购小组全体班组成员开会讨论并深入分析原因。大家提出了很多建议，但也无法从根本上解决这个问题。正当大家陷入沉思时，一种特殊原材料的物料管理流程启发了大家的思路。该原材料价格昂贵，而合格率相较而言又比较低。因此，公司一开始就和供应商签署合约，遵照来料质量的损耗情况进行赔偿流程，即大家默认5%为原材料的损耗比率。公司按照材料原价的95%进行采购，IQC负责监控来料品质。当合格率低于95%时，公司将向供应商索赔。物料在公司报废后，直接报关送回香港货物承运商的仓库就地处理。IQC负责监控品质，当合格率低于约定时，才由生产部提供IQC合格率数据，向供应商索赔；其他报废情况只需按照正常的生产环节进行，无须仓库、原材料工程师、采购、财务等人员参与。

为什么价格昂贵的物料都可以用这个相对简单的流程，而相对便宜的物料却要走这么复杂的流程呢？说改就改，立即行动起来，班组向公司提出了合理化建议。经过第一轮谈判，大部分供应商都表示同意。他们说："废品率只有千分之几，对我们的影响并不大。我们早就懒得去确认那些废品了，来往一次的交通费用都不止这些成本呢。"废品退货流程的简化有效地提高了班组成员的工作效率，大家都十分开心。小安笑嘻嘻地说："以后再也不用找那些失踪的废品了！"

点　评

主管小陈紧紧围绕班组问题进行了合理化建议活动。

（1）运用经验转换思维方式对"流程再造"提出合理化建议

在上述班组故事中，面对废品失踪问题，当大家困惑时，一种特殊原材料的物料管理流程启发了大家的思路，就是典型的运用经验转换思维方式的事例。这项典型事例启示班组长：在班组里进行技术革新和合理化建议，应该培养员工的创造性思维能力。

（2）必须紧紧围绕班组实际问题开展技术革新和合理化建议，让员工看到自己的价值

在班组开展技术革新和合理化建议时，其活动必须紧紧围绕班组的实际问题开展，有的放矢地解决实际问题，这样才能显示出技术革新和合理化建议的效果，也能让员工产生价值体验。废品退货流程简化后有效地提高了工作效率，大家都十分开心，更重要的是"流程再造"的成果已经与班组成员融为一体，让员工看到了自己的价值，为员工持续开展技术革新和合理化建议奠定了良好的心理基础，创建了在班组持续开展技术革新和合理化建议的良好环境及氛围。最重要的是，通过显示出来的效果，积极影响了班组成员对技术革新和合理化建议的态度，这是最有价值的。

本章思考题

1. 什么是工艺管理？试讨论怎样通过识别关键岗位或者关键工序来开展差异化管理与控制。

2. 什么是质量管理？试讨论怎样运用 PDCA 循环工作法开展质量管理小组（QC）活动。

3. 什么是标准化管理？试讨论怎样运用工业工程技术审视员工的作业习惯，进行标准化作业。

4. 什么是设备管理？试讨论怎样推行全员生产保养（TPM）活动，提高设备工作的综合效率。

5. 什么是技术革新和合理化建议，试讨论如何在班组开展“五小”活动。

第 6 章

生产管理

学习目标

能基本理解生产管理及计划管理、作业管理、现场静态管理、现场流态管理和劳动组织管理的内容。

能开展计划管理，带领员工根据期量标准制订作业计划，再结合班组的实际资源实施作业计划。

能开展作业管理，带领员工推行精益思想，作业过程围绕 QCD，杜绝一切浪费和无效劳动。

能开展现场静态管理，带领员工开展“5S”活动，着眼于素养定置管理和目视管理。

能开展现场流态管理，带领员工优化工作流程，保证作业环节的均衡生产。

能开展劳动组织管理，带领员工优化班组劳动组织，开展岗位技能培训和劳动竞赛活动。

生产是指通过劳动将劳动对象转化为需要的产品或者服务的过程，也是价值实现与增值的过程。生产管理是指根据产品或者服务的质量、种类、数量、成本和时间的要求，将劳动对象转化为产品或者服务而进行的计划、组织、作业与控制的活动过程。在此基础上，广义理解的班组生产管理是指班组长以班组资源及其组合、全部生产活动及其过程为对象所进行的综合性、系统性的管理，在管理过程中引导员工正确做事，其理想状态是均衡、安全生产，效率目标是高产出、低消耗。

具体来说，班组生产管理是班组根据上级指挥链下达到班组的生产作业计划，充分组织和利用班组生产系统中的人力、设备、原材料、动力、技术、资金和信息等要素和资源，对班组生产活动全过程进行计划、组织和控制等一系列管理活动的总称。班组生产管理的基本任务就是在整个生产系统和生产过程中按质量、数量、时间、品种、消耗，均衡和安全地完成生产任务，取得满意的经济效益和成果。

生产管理的主要内容包括计划管理、作业管理、现场静态管理、现场流态管理和劳动组织管理。

一、计划管理

计划是建立在实现目标基础上的方法、步骤和过程。班组计划管理就是根据上级指挥链下达的任务制订作业计划，分解到每名员工或者每个岗位，再通过组织作业计划的执行和控制，实现班组生产、经营或者服务活动的协调。班组计划由生产计划和生产作业计划组成，以生产作业计划为主体，即规定月、旬、周、日以及轮班和小时内的作业任务，完成作业任务的工作程序。因此，班组计划管理主要包括两个方面的内容：一是根据期量标准，制订生产计划；二是根据班组的资源，实施生产作业计划。

一般而言，计划工作是要预先决定做什么、怎么做、何时做和谁去做，可用“5W2H”来表示——5W 包括做什么、为什么做、何时做、何地做、谁去做，2H 包括怎么做和成本是多少。作业计划一旦确定，便成为刚性原则，班组长的职责就是督导员工执行作业计划并协调计划实现，要求员工知道为什么做、做什么、怎么做、做到什么程度等。

在制订班组作业计划的过程中，班组长的履职能力主要体现在两个方面：一是要始终坚持让全体班组成员共同参与制订班组作业计划，并具有组织与领导开展此项工作的能力，其目的是激发员工的主人翁责任意识，将心态从被动履行作业计划转变为主动履行作业计划；二是将目标管理的理念引入实施作业计划的过程中，即将分解到每名员工或者每个岗位的作业计划转化为作业目标，明确责、权、利三者之间的关系，构建班组目标责任体系，促进员工在完成作业计划过程中进行自主管理与自我控制。

班组故事

创造北美辙叉铣切加工新纪录

中铁工程宝桥公司专业生产辙叉。随着外销能力的不断增强，北美和韩国市场对其辙叉的需求不断增加，企业的产品也从单一品种、几个规格发展到现在的几十个品种、上百个规格，从月产 30 多根发展到 170 多根。随着生产形势的日益紧张，生产人员和生产设备的压力也越来越大。辙叉车间机加工四组班组长老肖刚刚开完车间生产会，月度生产计划要求生产北美高锰钢辙叉 196 根、韩国高锰钢辙叉 42 根、安哥拉辙叉 86 根、道岔配件（垫板）57 组。

面对繁重的生产任务，老肖心中有点儿犯愁了。由于近半年来出口辙叉的产量不断增加，品种规格也越来越多，供货周期缩短，班组的设备和人员非常紧张。作业班次早已从两班调整到了三班，想要提高产量确实很困难。但计划就是命令，老肖决定先召集大家开班务会，充分发挥集体的智慧和力量，解决当前难题，完成车间交给的任务。

在班务会上，老肖首先说明了车间下达给班组的月度计划任务，请大家开动脑筋逐项排算，想办法挖掘设备的潜能，看看能不能采用新型刀具优化加工方案，确保本月的生产任务完成。最终大家达成共识，首先要做的是把计划分解、细化，将任务与责任落实到每一名员工和每一个岗位上。老肖与大家对车间生产计划中的各项指标进行了细致的分析，把月计划按照周、日、班进行分解，由班组长、党小组长和工会小组长各带一组，分项包干。班组长老肖带领18名员工主要负责北美高锰钢辙叉的生产，党小组长小王带领12名员工负责安哥拉辙叉的生产，工会小组长老张带领2名高级工和8名青年员工负责韩国高锰钢辙叉和道岔配件的生产。

老肖对生产196根北美高锰钢辙叉的全月任务再次细化，把18名员工按技术、年龄合理分组，按照三个班次将任务落实到每一名员工，同时考虑到10%的增产率，还安排了3台铣床同时作业。另外，由党小组长小王和工会小组长老张带领的2个作业组也依照执行。每天工作结束后，老肖都会对生产情况逐项检查，落实生产进度，询问生产过程中遇到的问题，确保每天的产量都能按时完成，不拖延生产进度。以日产促周产，用周产保月产，按照车间的要求真正做到了“日检查、周考核、月兑现”。

正是由于对计划进行了细化，日日有工作目标，周周有考核统计，从而使人员和设备的能力得到了充分发挥。经过全组40名员工的共同努力，班组最终提前两天完成了班组的月工作任务，创下班组月产北美辙叉铣切加工204根的新纪录，受到车间和公司的嘉奖。

点　评

班组长老肖带领班组成员深入理解班组任务计划，拟定了班组作业计划并落实。

（1）在理解班组任务计划的基础上与班组成员商讨、拟定班组作业计划

班组长在进行计划管理和拟定作业计划时，首先要带领员工充分理解上级指挥链下达给班组计划的组织意图和任务前景，这样做班组长才能更好地动员

员工开展工作，激发员工的主观能动性，积极思考克服困难的办法，齐心协力完成上级指挥链下达的生产任务。班组长老肖在接到任务后，决定先召集大家开班务会，充分发挥集体的智慧和力量来解决当前难题，这也是激发员工主观能动性的过程。

（2）带领员工分解班组计划，同时拟定派生计划

一般情况下，班组长分解计划时，从空间上要把工作任务分解到更小单位或者个人、岗位，从时间上要把工作任务分解到月、周、日，相应地就会产生派生计划。这样做的目的在于让每名员工、每个岗位、每个工作时间单位的工作都安排得协调均衡，实现具体化、程序化和目标化的生产。班组长老肖分解班组计划、拟定派生计划，解决了何时做、何地做、谁去做、怎么做的问题。

（3）认真落实班组作业计划，进行过程管理

计划的关键在于落实，因此落实计划是班组计划管理的关键点和落脚点。班组长在落实班组作业计划的过程中，不仅要督促和检查员工的工作内容及工作进度，还要注意观察员工的工作状态，当员工遇到困难时及时给予帮助，消除计划执行过程中的不确定性，确保班组计划落实、任务完成，这也是班组长进行计划管理的应有之举。班组长老肖以日产促周产，用周产保月产，按照车间的要求真正做到“日检查、周考核、月兑现”的计划落实行为值得班组长学习和借鉴。

二、作业管理

作业是指为完成任务而展开的活动。作业管理是指对为完成任务展开的活动所进行的管理及过程，主要体现在两个方面：一是组织生产，二是控制生产。班组作业管理是指在班组组织生产并进行控制的管理过程。组织生产是以作业计划的实现为出发点和落脚点的，从空间和时间两个维度上进行组织；控制生产就是根据作业计划，监督和检查作业情况，发现偏差时采取措施保证作

业计划的实现。在作业管理过程中，班组长面临的最大挑战是资源、效率与消耗之间的相对平衡。

从提升或者改善履职能力的角度，班组长在作业管理过程中应具备推行精益管理思想及生产方式的能力。正如詹姆斯·沃麦克博士所言“精益不是方法，而是思想，是一种思维方式转变的改革”，其落脚点在现场，即体现“三现主义”（现场、现物、现实）；关键点在 Q（质量）、C（成本）、D（效率）上，简称 QCD。

因此，班组作业管理要注重现场管理，关键在于注重 QCD 的表现：从现场的工作状态（如设备的开动情况、人员的工作状态）来判断生产效率；从现场的物流状态、标准化实施的状态、人员的动作水平来判断生产质量；从计划的实施率、现场的在制品、库房的库存等来判断生产的成本，同时分析提高生产的可能性和幅度。

从班组长掌控的班组资源角度来看，不论企业是否推行精益管理，班组长都能在班组贯彻推行精益管理思想及相关生产方式，其实质不是在班组中仿效丰田公司所使用的某些方法，而是实践精益管理的思想和原则，即在作业管理过程中，找到适合班组的避免浪费和无效劳动的措施与方法。因此，要推行精益管理关键在于主观因素，而不是客观因素，即班组长是否有意愿与班组成员达成共识，真心诚意地推行精益管理。总之，精益管理的核心思想就是围绕作业过程杜绝一切浪费和无效劳动，充分信任并依靠员工将缺陷和浪费及时消除，并在永无止境的学习与持续改进的过程中获得自我满足。

班组故事

通过作业管理使 78 辆澳煤车顺利出厂

新年伊始，某车辆厂二货车间接到订单，生产 78 辆出口到澳大利亚的运煤漏斗车。这是一项艰巨的任务，从车的技术性能来看，且不说载重和时速的要求，就连每台车8扇内镶斜开的下侧门工人们都没见过，而且工期只有2个月。下侧门的组装工作就交给了底门安装研发组。

底门安装研发组有17名员工，主要负责各种铁路货车的车门安装工作，是车间组装流水线上一道“卡脖子”的工序。班组长王晓峰算了一笔账，要想保证按时交车，平均每天必须组装2辆车即16扇车门。他对组员说：“咱们的目标很明确，在2个月中的44个工作日内，必须完成78辆车即624扇下侧门的安装任务。这是根据国际市场的要求和工厂的生产大局给我们确定的目标，必须完成。”

第一天，面对流水线上过来的底架和摆在现场的车门，大家都有些手足无措。有人抬起一扇门就往上装，拧紧折页后，门却怎么也打不开，只好又把折页卸了下来。可门却卡在了围框上，用大锤打，用撬棍撬，都纹丝不动，流水线也跟着停了下来。王晓峰只好用瓦斯枪把门给切了下来。一天过去了，不但门没装上，还切坏了一个，班组成员十分沮丧。

下班后，大家在班务会上你一言我一语地讨论一天的作业结果，分析原因。综合大家的发言，王晓峰总结出3个主要原因：一是对车门的开关原理不清楚，操作不得要领，影响生产进度；二是外购的门质量没有保证，影响装配质量；三是劳动力结构不合理，导致生产效率下降。既然找到了原因，那就得一个一个地攻克难关。

第二天，大家没有急于开工，王晓峰将技术人员请到现场按图纸讲解设计原理。技术人员对中梁脊背上安装内镶斜开式下侧门的设计初衷和使用原理做了详细介绍，并承认为了满足用户的性能需求，确实给组装增加了一定的难度。他提醒大家，作业时不要轻易把折页拧紧，否则很容易造成开不开、拿不下的后果。

经过技术人员的讲解，这一天的工作总算有了一些起色。经过努力，班组成员完成了一辆车8扇门的组装任务。可是澳方的监造员检查后，发现竟有4

扇门与门框的缝隙超过公差，必须重新安装。大家急忙分析原因，发现问题出在外购的车门上，有的尺寸超过公差，有的焊接变形。王晓峰立即将这一情况报告车间，并采取相应措施，即由一位责任心强的员工专门负责对门板进行检查验收，不符合尺寸要求的一律不予安装。王晓峰还建议车间给班组增设一台液压调平机，用来随时调整焊接变形的车门。

随着问题的不断解决，组装车门的速度也在不断加快。可是，按照这样的速度，还是无法实现计划目标。王晓峰又把班组成员按照技术水平高低、个头高矮组成4个作业小组——技术条件好、干活有技巧的师傅负责指挥；个头高、身体条件好的员工负责搬运和抬举车门，确保省时到位；个头矮、身体条件较差的员工钻到车里面，负责折页，便于施展操作；还从车间挑选了一名技术熟练的气焊工，负责临时切割，保证一枪成活，缩短待工时间。王晓峰的这几招果真奏效，随着班组成员的操作熟练程度不断提高，日产很快就达到了6辆车即48扇门的作业组装水平。

人为因素可以解决，但天有不测风云，每年的三四月份，工厂所在地区都会暴发一次流感。安装研发组的成员也未能幸免，患病人数与日俱增，最严重时竟有5人高烧不退、咳嗽不止，难以坚持工作。为了保持一天能组装6辆车，王晓峰联系职工医院，把预防和治疗流感的药箱子搬到了班组，并请了一位医生进行现场诊断和治疗。为了节省治疗时间，班组在休息室搭起了病床，利用工间休息时间给患流感的员工输液。

就这样，安装研发组的成员度过了最艰难的时期，班组仍然保持着日产6辆车即48扇门的生产进度。最后，安装研发组以提前2天、共计42个工作日的工期完成了78台出口澳大利亚的运煤漏斗车的车门安装生产任务，确保企业再一次将产品打入国际铁路市场。

点 评

班组长王晓峰在班组作业管理中，凸显了组织生产、控制生产和改善生产的管理过程。

（1）凸显组织生产的管理过程

班组组织生产是以作业计划的实现为出发点和落脚点，从空间与时间两个维度上进行组织。空间组织是指班组各个生产单元在空间上的分布以及对人力、设备、材料等各种生产资源的配置；时间组织是指生产过程中各个阶段、各个工序在时间上的衔接与协调，以保证生产活动的顺利进行。

在班组故事中，王晓峰算了一笔账：要想保证按时交车，平均每天必须组装 2 辆车即 16 扇车门，在 44 个工作日内必须完成 78 辆车即 624 扇下侧门的安装任务。这就是以实现作业计划为出发点和落脚点组织生产的典型事例。而王晓峰将班组人员按照技术水平高低、个头的高矮组成了 4 个作业小组，就是以空间和时间维度组织生产的典型事例。

（2）凸显控制生产的管理过程

生产是动态的，必然会出现变异点或者变异状态。因此，必须对班组作业管理进行控制。班组作业管理的控制与目标和计划密不可分，目标和计划是衡量作业管理控制的标准与依据，而班组作业管理的控制则是实现目标和计划的保证。澳方的监造员检查后，发现竟有 4 扇门与门框的缝隙超过公差，必须重新安装，就是底门安装研发组在生产过程中出现的变异状态。除了将这一情况报告车间外，班组长王晓峰请一位责任心强的员工专门负责对门板进行检查验收，还给班组增设一台液压调平机，用来随时调整焊接变形的车门，这属于典型的班组作业管理控制。

（3）凸显改善生产的管理过程

由于班组生产是动态的过程，必然存在一个持续改善的过程，关键在于持续改善 QCD。对于改善的目标，大野耐一在《丰田生产方式》一书中提到：

“提高效率，降低成本，就是要彻底消除浪费。”这是丰田生产方式的追求，也是丰田生产方式的落脚点，要落到 QCD 上。班组作业管理是以现场、现物、现实的生产系统为前提的改善，是投入最少、效果最好的改善，在改善的同时还提高了班组长的作业管理能力。王晓峰总结出装不好门的 3 个主要原因，这是王晓峰带领班组成员持续改善的过程。改善以问题为导向，是对班组长作业管理能力的检验，也是为了提高效率，降低成本，彻底消除浪费的问题。

三、现场静态管理

从企业角度，现场泛指生产场所，是生产系统具体布置的场所。现场管理是指对现场各生产要素进行有效的配置与组合，使生产顺利进行，主要体现在“静”和“动”两种状态的管理上，而现场静态管理主要是指定置管理和目视管理。

定置管理是指对作业现场的物品进行科学、合理的调整，把现场所需要的物品放在规定的位置，使之达到最佳组合状态。它以物在场所的科学定置为前提，并以完整的标识系统为媒介，实现人和物的有效结合。根据物与人的结合程度可分为三种状态：A 状态，所需之物随手可取；B 状态，物要与人结合，必须经过寻找和转换；C 状态，物不需要和人结合，应该被清除出现场。

目视管理是一种通过视觉的影响使人的意识发生变化的管理方法，是指用形象直观、易于识别的视觉感知信息来展示作业现场所有的管理方法和作业内容，使不熟悉现场的人一目了然。管理看板是目视管理在实践中的具体应用，它能清楚地显示出数据、信息等状况，使相关人员能够及时掌握管理现状和必要的信息。

在技术层面，班组长在班组进行现场静态管理即定置管理和目视管理并不困难，根据上级指挥链的要求和规范执行即可，最困难的是培养员工的行为习惯，并持续改善班组现场的静态环境。我国企业实施现场静态管理的切入点是推行 5S 活动。5S 即整理 (Seiri)、整顿 (Seiton)、清扫 (Seiso)、清洁 (Seiketsu) 和素养 (Shitsuke)，旨在改变人的思维和行为，改变组织的文化。因此，在班组开展 5S 活动的核心是素养，因为整理、整顿、清扫、清洁的对象是场地和物品，素养的对象则是人。如果没有素养，整理、整顿、清扫、清洁活动就不能顺利开展，也难以长期坚持。

班组故事

6S 活动使员工素养和企业效益提升

某兵器公司工具分厂在起源于日本的 5S 活动的基础上增加了“安全”这一要素，使其成了 6S 活动。通过深入开展 6S 活动，分厂在较短时间内取得了显著的成效。

工具分厂是该公司规模最大的一个分厂，拥有车、铣、刨、磨、电加工、热处理等多种工艺设备，主要担负企业量具、刃具、夹具和模具的制造任务。生产组织形式为以单件为主的多品种、多批次加工方式。工具分厂是一个有着 50 多年历史的老厂，主作业区是一座占地面积超过 9000 平方米的苏式大厂房。在 6S 活动开始之前，偌大的厂房被分隔成了一块块大小不一的木屋，木屋中有库房、休息间以及不知用途的隔间。“房中房”里的材料和半成品也不知道存放了多少年。有的员工说：“工具分厂的人就算是躲在套间里面睡觉，也不会有人发现。”在进行劳动纪律检查时发现，一眼望不到尽头的小房子里还有人在打牌。这样，厂房的有效使用面积不断减少，大部分“房中房”成了闲置土地和管理死角。

为彻底解决生产现场存在的问题，分厂利用公司开展 6S 活动成为试点单位的机会，决定在全体班组中实施 6S 活动。

首先是“整理”工作。分厂下定决心，排除万难，终于把存在多年的“房中房”拆除，清理出几百吨呆滞物资，对设备进行了大搬家，把生产现场的物品按照使用频率分为A、B、C三种类型，报废设备全部退库。

紧接着是“整顿”工作，主要是根据使用性质将厂房按功能划分出来，并且固定下来。生产区域为绿色，通道区域为红色，原材料和在制品存放区域分别用白线标注并设立标示牌。刷完漆后，分厂给每位员工发了一双崭新的工作鞋，鼓励员工要“穿新鞋，走新路”。大家看着光可鉴人的地面，真有点舍不得下脚。

环境发生了翻天覆地的变化后，以前在工房内乱倒茶渣剩水、随地吐痰、乱扔纸屑、乱扔废弃物的现象都消失了，员工们在这样的环境下工作心情格外愉悦。分厂及时总结了活动的意义——“人造环境树形象，环境育人提素养”，将活动融入员工的感受，制成标语口号横幅，悬挂在厂房内。

“清洁”是日常性活动，但是由于缺乏标准，要求时松时紧，就逐渐沦为走过场了。针对清洁工作，分厂的重点工作是标准制定和责任落实，把专人负责与分工协作结合起来。除通道和公共区域由专门的清扫人员负责外，其他各工位的卫生工作均由操作者负责，大家戏称为“井田制”。“井田制”确保清洁工作无死角，处处有标识，件件到人头，人人有事干，事事有人管。

“安全”方面首先重点强调护目镜的佩戴问题，并且以一次“城门立木”之举，收到了良好的效果。有一次，员工王浩进厂加班，因操作车床时没戴护目镜被罚了200元。元旦加班才挣几十元，却被处罚了数倍，这让他很不服气，其他员工也都议论纷纷。操作车床必须戴护目镜，这是公司制定的规章制度。对王浩的惩罚，让大家看到了分厂领导对扭转习惯性违章陋习的决心，收到了效果。

在“素养”方面，分厂通过一系列的规范做法和持续引导，提升了员工的素质。以往员工使用的工具柜都是木制的，而且年代久远，一副破败相。分厂拿出8万余元更换了全部的工具柜，对工具柜的每一个抽屉、每一层隔挡放置哪些物品进行了统一规定。例如，最具特色的水杯管理——工具柜上贴着的水杯标签格外醒目，提醒员工喝水后水杯应该放置的位置。大家加深理解后形象地说：“喝完水之后，应该想象杯子上绑着一根橡皮筋，一旦松开，它就应该自动弹回到这一定置点上。”

有一天，一名员工走进厂房，发现厂房的立柱上挂满了制作精美的条幅，仔细一看，才发现这些条幅上写的都是分厂员工的座右铭和个人理念。条幅上方是员工的头像，下方是员工的座右铭和个人理念，上面还有醒目的姓名和押角印，让人肃然注目。经过6S活动，工具分厂的员工更加珍惜这些荣誉，荣誉激励着他们更加努力地开展6S活动。

点　评

结合精益专家关田铁洪的思想，分析班组故事。

（1）5S活动以整理和整顿为起点

整理工作的核心是物品分类，体现在彻底清除不必要的物品；整顿工作的核心则是定置管理，体现在需要的物品能马上拿到手，其目的就是提高生产效率，减少现场的浪费。班组故事中首先开始的是整理工作，把存在多年的“房中房”拆除，清理出了几百吨呆滞物资，对设备进行了大搬家，把生产现场的物品按照使用频率分为A、B、C三种类型，报废设备全部退库；接下来的整顿工作主要是根据性质将厂房按功能划分并且固定下来，生产区域为绿色，通道区域为红色，原材料和在制品存放区域分别用白线标注并设立标示牌，这些都是5S活动的起点。

（2）清扫和清洁是5S活动的过程

清扫工作的核心是问题点检，体现在及时发现异常；清洁工作的核心是目视管理，体现在保持现场的可视化，目的是要养成发现问题的习惯。扫除和清扫的区别在于：扫除是清除垃圾、污物、灰尘等动作；清扫是带有发现问题的意识和行为，是带有保持清洁有序的意识和行为。班组故事中针对清洁工作制定标准和落实责任，把专人负责与分工协作结合起来，实施“井田制”，这些都是清扫和清洁的活动过程。

（3）素养是5S活动的关键点，也是落脚点

素养在汉语语境中指素质与修养的结合。从整理到清洁，是以物为对象，而素养直接涉及人，反映了一切工作归根结底都要归结到人，归结到人的思维与行为。素养不是学出来的，而是靠不断实施整理、整顿、清扫、清洁培养出来的。在班组故事中，很多简单的规定通过不断地重复刺激使人们形成了条件反射，达到了令行禁止的目的，如水杯的定置管理，这就是工具分厂员工通过活动养成的素养。工具分厂结合自身特点，将5S活动扩展为6S活动，以人的素养为核心，以整理、整顿、清扫、清洁和安全为内容，在班组中导入6S活动，从而为员工创造了一个舒适的工作环境，提高了效率，消除了浪费现象，培养了员工的素养。

四、现场流态管理

现场流态管理是指在班组现场对呈现动态特征的一系列逻辑相关的、有序的活动集合进行的管理，主要包括工作流程和现场物流。工作流程管理是指保持班组工作各环节的工作节奏正常运行，在此前提下优化班组工作流程，即对基本工作环节或者工作节奏进行评判，通过分析和研究逻辑关系和时间耗费，找出一系列能够最好地完成同一工作任务或者活动目标的工作环节、节奏和过程。工作流程决定了物流节奏。现场物流管理是指对生产现场的原材料、在制品、辅助材料、燃料、动力工具和设备等生产资料进行的供应、保管、转换、转移、合理使用等一系列动态管理活动。生产型班组的现场物流管理分为原材料管理和在制品管理；服务型（辅助型）班组的现场物流管理分为库存管理和搬运管理。

班组工作流程在实践过程中会随着客观因素的变化存在优化的可能性。班

组长最重要的职责就是培养员工对习惯性的工作流程不断进行检讨性的反向思维，以提升员工持续优化工作流程的意识。班组长在物流管理中的主要职责是在班组范围内对物流产品进行整体规划、衔接协调和保证供应，使工作流程及岗位间的各个作业环节能均衡生产，减少资源浪费和无效劳动。

班组长还要学会把班组日常重复性的工作或者任务交给流程处理或者控制，即将自己从具体的事务性事项中解放出来，腾出时间从班组的宏观层面来思考问题或者处理问题，从而提高班组管理的效率和效益。

班组故事

流动起来的效率

春节刚过，某兵器公司零件加工二分厂小冲班全体成员已经开始了紧张的生产。接到 3 月份的任务后，班组长杜青和员工们顿时傻了眼：他们需要从过去生产 8 个品种的 180 多种零件，增加到生产 12 个品种的 220 多种零件，还要第一次承担 16 个科研零件的加工任务。突然增加了这么多的生产任务，难度之大前所未有。

月初的班组例会上，在杜青的动员和鼓励下，全体班组成员都表现出了十分高涨的积极性。杜青说："任务虽然重了些，但是只要大家积极努力，加班加点，还是能够保证任务完成的。"然而，没过几天，一些问题就暴露了出来。班组几名员工已经将模具装好，可要加工的材料还在进行热处理，大家一时间没活儿干就聚在一起聊天，正好被分厂的领导逮了个正着。领导气呼呼地找到杜青，迎面就是一顿严厉批评："任务这么紧，别人都忙着干活儿，而你们班组的员工还有时间聊天。你这个班组长怎么安排工作的？"

正忙着转换工装的杜青莫名其妙地挨了批，连忙给闲聊的人安排了其他的工作。接下来的事情更棘手，两个小组长因为争抢机床设备出现矛盾，给这个一向团结友爱的班组集体平添了几分不快。小冲班分为 5 组，每组的长线件

（加工工艺流程长的零件）都要在冲床上进行。因第三小组的冲床不够，小组长张师傅通过杜青向第一小组借了2台设备。由于第三小组所加工的零件数量实在太多，花了4天时间还没干完……第5天，第一小组组长李师傅终于按捺不住，拿起扳手直接卸掉了第三小组的模具，边卸还边抱怨：“就你们需要干活儿，别人就不需要干活儿了？”张师傅见到这一幕，更是气不打一处来。这活儿本来就难干，好不容易调好的模具却被卸下来，再有涵养的人也会生气。第三小组没有了机床，只能无可奈何地等着。

这两件事杜青看在眼里、急在心上。他心想：“生产任务很重，就这么些人，这么些机床，大家吃苦受累，领导还不满意，实在让人为难。”杜青连忙召集班委和骨干员工开会，商讨解决“窝工”问题的办法。大家认为，随着生产品种和数量的增加，班组生产压力增加，造成当前生产混乱的一个关键因素是个别工序卡了“脖子”，问题的实质是生产作业流程不顺畅。影响小冲班生产任务完成的另一个关键因素是工装调试。大家都知道，冲压工人不怕干活，怕的是工装调试。有时工装调试时间长达七八个小时，属于典型的不产生效益的劳动。要解决这些问题，必须重新组织现场作业流程：一是使在制品像河水一样流动起来，理顺长短线工件的作业路线，加快在制品的流转速度；二是重新安排工装调试，使调试时间和加工时间尽可能并行，缩短加工流程的等待时间。

经过大家认真讨论和反复测定，一个综合性的改善作业流程方案产生了。主要包括以下5个方面。

（1）根据分厂下达的月作业计划，对班组的生产作业计划进行分解和细化，实施计划滚动方法，确保生产准备工作及时到位。

（2）对于班组连续生产的5种产品的40个零件，加大批量投产，集中在某一时段完成，缩短工装调整的时间。

（3）利用网络计划技术，根据班组的设备及人员状况，优化加工路线，优先安排长线件，穿插安排短线件。

（4）安排专人负责送取需要进行热处理的零件材料和半成品。

（5）抓好工序间的在制品流转，明确实行下道工序取零件制度。

改善后的作业流程方案一经实施，立即扭转了整个班组现场工作的被动局面。5 项措施大大缩短了待材料、待工具、待工装的时间，人员和机床的使用也不像过去那么紧张了，在制品的流转速度也明显加快。大家将这一改善作业流程的措施称为“生产作业流计划”。月度生产任务因作业流程改善得以顺利完成。

点　评

班组长杜青带领班组成员对工作流程和物流管理进行了改善性的流态管理。

（1）抓住关键因素与环节进行工作流程改善

工作流程管理是通过确认和分析原有的工作流程，找出关键环节、关键岗位、关键职能和关键操作者，然后通过合并、分立以及删减工作流程中的各环节、岗位和职能，以最大限度地利用流程中的资源，最大限度地提高作业效率，然后通过标准化作业来确定优化后的工作流程，同时建立起工作流程的信息反馈制度。班组长杜青根据班组中出现的问题，召集班委和骨干员工开会商讨解决办法，找出了出现问题的两个关键原因，即个别工序“卡脖子”和工装调试。在此基础上，杜青抓住这两个关键环节进行流程改善，最后通过 5 项措施解决了生产现场作业问题。

（2）利用各种管理技术工具开展流态管理

管理技术工具是指管理者在其管理活动过程中所使用的技术工具。然而在现实中，很多班组长并没有带领员工很好地学习如何使用各种管理技术工具，更没有结合班组实际进行创新运用。以流程再造为例，一项调查显示，只有 35% 的中国企业使用了这种技术工具，而全球企业的使用率却是 61%。所以，要学习班组长杜青带领员工运用各种管理技术工具，在班组现场进行流态管理。在班组故事中，杜青带领大家制定的第 3 项措施是“利用网络计划技术，根据班组的设备及人员状况，优化加工路线，优先安排长线件，穿插安排短线件”。这体现出从作业流程优化和工序间在制品的流转两个方面入手，既通过利用滚动计划、网络计划技术细化和分解任务，制订严密科学的生产作业计划，解决了生产中存在的“窝工”现象，缩短了生产作业时间，又通过加快在制品在工序间的流转速度，提高了班组的生产效率。

五、劳动组织管理

劳动组织就是根据现代企业的生产需要，通过合理的分工和协作，采用合理的劳动组合形式，有效地组织人力资源，保证生产顺利进行。班组劳动组织管理是指在作业过程中，按照生产过程或工艺流程组织班组成员分工、协作，使其成为一个整体，再进行科学、合理的劳动。在班组劳动组织管理过程中，班组长的履职能力主要体现为在班组定岗、定员、定编的前提下，通过优化劳动组合形式，强化劳动定额标准，提高工时利用效率，改善班组劳动环境，重点在班组内部的劳动组织制度和劳动组织关系方面下功夫，达到提升劳动生产率或者服务质量的目的，并能对员工进行岗位技能培训。

开展劳动竞赛活动也是班组长进行劳动组织管理的形式之一。劳动竞赛活动是 1956 年提出的具有中国特色的企业基层管理模式之一。其基本原则是“互相学习、互相帮助、取长补短、共同提高”。1959 年的全国群英会把它概括为“比、学、赶、帮、超”，体现出了劳动竞赛活动的理念、目的和方法，即赶超别人的同时，也学习、帮助别人。

班组能否开展劳动竞赛活动，本质上取决于班组长的主观意愿，客观环境并非决定性因素。如果班组长有意愿在班组开展劳动竞赛活动，小指标百分赛是一种具有普遍适用性的竞赛形式。小指标百分赛的形式如下：一是把竞赛经济技术指标分解到个人；二是根据任务轻重、责任大小、技术难易、定额高低和条件好坏等因素来确定底分；三是竞赛的第三方根据任务完成情况进行裁决和统计；四是按照实际所得分数给予优胜者以“愉悦称呼”或者“愉悦权力”，并在可控资源内给予奖励。它的好处是可以丰富员工精神生活，使工作变得有意义。

班组故事

挂牌作业计时计奖制

某金工车间维修钳工班由18名员工组成。该班组常年担负着包括33米立车、20米立车、30米深孔钻“三大金刚”在内的10台集团公司重点精、大、稀设备，38台生产关键设备以及大量的辅助生产和起重设备的机械维修任务。

金工车间的大部分设备都是20世纪安装投产的，长达几十年的超负荷运转导致设备故障率不断升高，故障也越来越严重。因此，钳工班的维修工作既繁重又困难。尤其是近些年，集团的生产驶入了快车道，确保各类设备的正常运转面临着更为严峻的考验。最近维修钳工班接连发生的几起事件，让小赵这名有着近10年班组管理经验的班组长深刻地感受到了班组劳动组织工作不到位的尴尬局面。

事情缘起于设备故障。当天上午，车间中38台关键机床正在紧张有序地为完成当月重点生产加工任务进行着最后的冲刺，高速运转的33米立车突然停了下来。接到车间调度的紧急抢修通知，小赵立即安排当班值日的小李和小王赶赴现场查找设备故障，再三叮嘱一定要尽快恢复该设备。经过3个多小时的抢修，设备恢复了运转，小赵心里松了一口气。可下午刚上班，33米立车再次出现了故障，而小李和小王此时正在抢修20米立车。小赵只好安排待工的小刘和小张去抢修。然而，3个小时过去了，已经临近下班时间，小刘和小张也未找出设备故障的原因，小赵只得安排加班抢修。可当班的 6 名维修钳工都以小孩无人接、爱人上夜班等理由推诿，导致无法正常安排加班维修，直接影响到车间当月生产计划的完成。

接下来发生的事情，更让小赵倍感烦恼。由于车间的生产任务较上一年同期增长了 50%，设备故障率也在不断飙升，常常是这台设备还未修复，那台又亟待抢修，导致班组成员之间经常会因为修理责任不清而相互扯皮、相互埋怨。如何解决维修任务繁重、工作任务难以正常安排的问题，小赵陷入深深的思索之中……

在接下来的几天里，小赵做了大量的调查研究，与班组成员沟通交流，最终得出结论：通过合理配置劳动力资源，使员工之间、员工与生产资料和生产环境之间达到最佳组合，关键是实现劳动组织优化。经过深思熟虑，小赵形成《挂牌作业计时计奖制》的劳动组织优化方案。接着，小赵组织全体班组成员对《挂牌作业计时计奖制》进行讨论，得到大家的充分认可和补充完善后，经报车间审批后试行。

根据维修钳工班的具体情况，小赵把班组成员分成 6 个作业小组，3 人为一组。同时根据员工的技术水平和职称的不同，每一组分别设立主技工、第一副技工和第二副技工，并要求主技工对两名副技工进行岗位技能培训。在工作安排上，对每个作业小组进行编号，依次挂牌排队，按机床维修申请小票到达班组的顺序，各作业小组依次接受任务。作业时各小组的编号作业牌挂在工作栏内，完成工作任务后，员工将作业牌自觉地从工作栏中取出，挂在待工栏的最后一个位置，如此循环。在设备维修过程中，如因等待备件或其他特殊情况导致维修工作无法继续进行，经有关部门批准后，可将作业牌重新挂回待工栏中继续排队。

维修钳工班首先要确定每项维修任务工时基点为 6 个小时，然后根据不同设备、不同部位及维修工作的难易程度，由全体班组成员商定每个维修任务的工时，并加以明确、细化、建账。每天由小赵负责记录各小组完成的项目工时，并向大家通报，以确保记录公开、公正和接受监督。总的原则是工时定额与维修复杂系数成正比，任务难度越大，工时定额就越高。另外，为了保证维修工作的质量，故障维修后有 3 天的保修期，如果在保修期内相同部位再次出现故障，则由前一次维修的作业小组负责保修。

每个月的月末，小赵将各作业小组实现的工时进行统计汇总并上报，作为奖金分配的依据。具体计算方法为：

每个维修工时奖金额 = 班组实得的总奖金额 / 总维修工时

各作业小组应得奖金额 = 作业组总工时 × 每个工时奖金额

各作业小组再将实得奖金额按主技工 100%、第一副技工 90%、第二副技工 80% 的系数分配到个人——同时开展小组间的劳动竞赛活动。

执行新制度后的第一个月，车间维修停机率下降了 5%。第二个月就出现了重活、难活大家都抢着干的喜人局面。紧接着，班组维修人员抢修及时、修理到位，扎在机床边协助改善操作的场面随处可见。

点　评

班组长小赵通过带领员工优化班组劳动组织，提升了劳动生产率，同时在班组开展了岗位技能培训和劳动竞赛活动。

（1）针对问题优化班组劳动组织，并形成规章制度

班组是以劳动分工为前提，将生产（服务）过程中相互协作的相关员工组织起来形成的劳动集体。优化班组的劳动组织分为全局性质的优化和局部性质的优化两种，总体上是针对班组劳动组织问题的优化。班组长必须区分劳动组织优化这两种类型，因为对于全局性质的劳动组织优化，面临的一定不是简单的问题，会涉及班组整体的劳动绩效，比如班组故事中小赵实行的《挂牌作业计时计奖制》，就对生产效率、班组规章制度以及奖金分配产生了全局性

的影响。

（2）通过优化劳动组织提高班组劳动生产率

劳动组织的核心与目的是提高劳动生产率。在此基础上，班组劳动组织的基本任务就是从本班组的实际情况出发，根据生产需要合理地使用劳动力，不断改进和优化劳动组织，充分发挥每一名班组成员的才智和积极性，从而进一步提高劳动生产率，同时还应该努力减轻班组成员的劳动强度。班组故事中对每个作业小组进行编号，依次挂牌排队，按机床维修申请小票到达班组的顺序，各作业小组依次接受任务，就是优化劳动组织、提高劳动生产率的典型事例。

（3）在优化劳动组织过程中，带领员工开展岗位技能培训和劳动竞赛

岗位技能培训和劳动竞赛是班组劳动组织的有机组成部分。岗位技能培训是指针对班组中不同岗位的操作规范、作业标准和技能要求而进行的培训，目的在于提高员工的技术业务素质和综合能力。其最大的特点是在岗受训，基本原则是缺什么补什么、干什么学什么，使员工达到一人多岗和一专多能。在这个班组故事中，小赵要求主技工对两名副技工进行岗位技能培训，而且是作为职责系数来要求的，值得班组长学习和借鉴。

凡是共同劳动都存在着竞赛的可能性。面向新时代的班组长怎样在班组开展社会主义劳动竞赛，激发员工的积极性和创造性，是当下面临的新课题。班组故事给予的启示意义在于，班组长小赵根据班组的性质特点将其分成 6 个作业小组，并以这 6 个作业小组作为有效载体，在班组开展小组之间的劳动竞赛活动，从而出现了重活、难活大家都抢着干的喜人局面，这同样值得班组长学习和借鉴。

本章思考题

1. 什么是计划管理？试讨论如何将作业计划分解到个人或者岗位，明确

责、权、利三者之间的关系，构成目标责任体系。

2. 什么是作业管理？试讨论如何在现场注重 QCD 的表现，杜绝一切浪费和无效劳动。

3. 什么是现场静态管理？试讨论开展 5S 活动如何着眼提升员工素养，使之成为习惯。

4. 什么是现场流态管理？试讨论如何培养员工对工作流程和班组物流不断进行检讨的反向思维。

5. 什么是劳动组织管理？试讨论如何开展小指标百分赛性质的劳动竞赛活动。

6. 试讨论如何通过班组生产管理指导员工正确做事，达到均衡安全、高产低耗生产状态。

第 7 章

绩效管理

学习目标

能基本理解绩效管理及定额管理、成本管理、经济核算、经济活动分析和绩效改进的内容。

能开展定额管理，让员工清晰地知道班组的资源消耗量、生产效率、经济效益及其优劣。

能开展成本管理，带领员工进行作业成本计划、成本控制、成本核算和成本评价四个环节。

能开展经济核算，带领员工确立核算原则与程序，让其了解所承担的核算责任及利益关系。

能开展经济活动分析，带领员工共同提出保持、改善或者改进班组经济活动的策略与方法。

能开展绩效改进，带领员工从被动地完成绩效指标，向主动地创造绩效转变。

绩效，顾名思义就是业绩与效益。从管理学的角度来看，绩效包括个人绩效和组织绩效两个方面。个人绩效一般用于人力资源管理方面，指的是主体人的行为或者其带来的结果的投入产出比；组织绩效则用于生产经济活动方面，反映了在一定时期内班组或者个人生产活动的多元投入与产出的比较结果。

绩效管理是指班组或者个人围绕生产活动与理论指标进行比较，并为预期的结果而进行的绩效评价，是一个持续性的过程。班组绩效源于个人绩效，但是个人绩效的实现并不能保证班组绩效的实现。只有全体成员都实现了个人绩效，班组绩效才能实现。所以，班组长的履职能力主要体现为自己能够实现绩效，也能够指导员工检验做事效果并给予评价。对班组成员的绩效评价主要体现在两个方面：一是员工工作的比较结果；二是影响员工工作结果的自身因素与环境因素。准确地找出影响员工工作结果的自身因素与环境因素是绩效评价的关键点。

绩效管理的主要内容包括定额管理（绩效标准）、成本管理（绩效控制）、经济核算（绩效评价）、经济活动分析（绩效分析）、绩效改进。

一、定额管理

定额是指企业在一定的生产、技术和组织条件下，为正常生产、经营或者服务活动而消耗、占用和利用各种资源所制定的数量标准和应达到的水平，是进行成本管理、经济核算和经济活动分析的基础。定额管理在班组中是指以定额为约束条件与依据，合理安排和规范使用班组资源完成目标任务的一种管理方法。通过这种方法，使班组成员清晰地知道班组的资源消耗量、生产效率、经济效益及其优劣。

由于班组没有制定和修改定额的管理权限和职能，班组长首先要让班组成员清楚地了解自己的定额，其次是运用各种技术和管理手段督导员工完成定额，最后是针对定额的完善给上级指挥链提供依据和建议。其中，劳动定额是管理与优化的重点。因为劳动定额是班组组织生产的重要依据，只有按照劳动定额和标准，才能将生产任务均衡分解到个人，从而保证班组生产计划的数量和期限得以落实，使生产均衡、有计划地进行。另外，物料消耗、质量和费用等定额往往是刚性的，伸缩余地较小；劳动定额具有较强的弹性和较大的挖潜空间。总体而言，定额管理主要包括以下 6 个方面的工作内容。

（1）采取有效的技术性组织措施和手段，确保定额的执行和实现。

（2）记录、统计、分析和总结定额的完成情况和管理情况，为定额的修改和完善提供可靠依据，并提出合理化建议。

（3）平衡和控制班组不同岗位、工种、工序和产品的定额水平。

（4）不断探索新的工作方法和管理方法，为优化定额水平创造条件。

（5）实行班组定额考核，并将考核结果与员工的收入分配、奖惩挂钩。

（6）按既定定额培训班组成员。

班组故事

充满智慧的班组故事

一汽集团解放公司卡车厂焊装车间主焊线乙班是一个以生产驾驶室焊接总成为主的强制流水线生产班组。在班组长小郭的带领下，23 名员工完善了班组定额管理，使班组各项经济技术指标稳步提高，其中劳动生产率提高了近 30%，班组总成一次合格率提高了 3%，在制品资金占用率下降了 43%，工具消耗定额下降了 18%。班组多次荣获集团公司“优秀班组”和“党员品牌班组”称号。在车间里，甚至在卡车厂里，大家都亲切地将主焊线乙班称为“充满智慧的班组”。

主焊线乙班充满智慧的表现是在一次快速提高产量定额水平活动后逐渐被大家所熟知的。当新产品 A20 驾驶室焊接总成进入批量生产阶段时，产量定额为每小时 10 辆。该产品在市场上供不应求，急需快速提高产能。如何提高班组产量定额水平成为主焊线乙班班组成员面临的一道难题。

小郭一边动员乙班全体成员围绕快速提高产量定额水平开展提案活动，一边组织班组骨干对比分析各工位的实作工时与生产节拍。分析结果表明，班组95%以上的工序在原节拍时间内存在等待的现象，只有9工序的1、2工位作业时间与节拍时间相一致。如此，小郭和几名骨干员工心里就有底了，9工序1、2工位就是制约班组提高产量定额水平的瓶颈工位。接下来，小郭对员工的提案进行了分析汇总，将大部分员工提出的“员工对新产品工艺掌握不熟练”“作业方法不正确”“工序间工作量不均衡”“器具摆放位置不合理”等问题，确定为影响班组产量定额水平提升的主要问题。

针对上述问题，小郭立即请来技术人员按照工序逐一讲解新产品的工艺特点，同时纠正员工作业时出现的不规范动作，并将规范动作纳入《标准作业要领书》；利用人机工程学原理优化工位器具摆放位置，方便员工取放件，避免不必要的走动浪费；运用要素山积表平衡班组各工位的工作量，消除瓶颈工位，使各工位的工作量趋于均衡。通过制定新的标准化作业文件，反复培训员工，使每一名员工都能快速掌握新产品的生产工艺和作业方法。经过生产线上各班组成员近10天的共同努力，A20驾驶室焊接总成的产量迅速提高到每小时15辆，班组受到了领导的好评和嘉奖。

有效地管理工具消耗定额是乙班充满智慧的又一次集中体现。车间下达的班组工具消耗定额为0.6元/辆，按每月生产3000辆计算，每月工具消耗定额为1800元。对于一个拥有21台焊接设备，每更换一根电极就需要几十元的班组来说，定额水平是非常高的。对此，小郭想通过凝聚集体智慧来控制定额。在班组会上，老王提出了自己的建议：“按照月生产计划，将工具消耗定额平均分解到每个人，根据每个人的控制结果进行奖惩，以此来提高班组全员对控制定额的责任感和工作热情。”大多数人都赞同老王的建议，但小李不这样认为：“平均分配不合理，因为每个人的工作内容不同，对工具的消耗也有差异。工具的消耗量应该根据每个人的工作内容来确定。”

小郭的总结性发言使大家统一了认识：将工具消耗定额分解到每个人，这是一个好办法，但是要保证定额分解的合理性，必须满足工艺要求，科学地分析班组工具的实际消耗情况。同时，在工具使用过程中，要不断查找并消除存在的问题，确保有效执行班组工具消耗定额。小郭和班组成员一起首先统计分析了班组上一年的工具消耗情况，并按照单项工具消耗费用占总消耗费用比例进行排序。结果显示，电极排在第一位，占总消耗费用的70%；其后依次是管接头、粗平锉、扁铲和锤子等。在此基础上，小郭根据各工位不同工具消耗的实际发生值和作业内容，确定岗位工具消耗系数，科学地将班组工具消耗定额分解到每个人，如表7-1所示，并将实际完成情况与员工的绩效奖金挂钩，有效地调动了员工的积极性。

表7-1　月工具消耗定额管理表

序号	姓名	计划产量（辆）	辆份定额（元）	消耗系数	消耗定额（元）	实际完成（元）（实际发生/剩余定额）
1	王××	4000	0.6	0.06	144	28/116
2	张××	4000	0.6	0.08	192	92/100
3	李××	4000	0.6	0.03	72	30/42
4	胡××	4000	0.6	0.06	144	41/103
5	周××	4000	0.6	0.07	168	60/108

同时，由于采用了有效的管理方法，乙班的质量管理水平得到了很大提升，在制品的资金占用率明显降低。乙班在班组定额管理水平稳步提升的过程中，处处都体现着集体的智慧光芒。

点　评

应该学习班组长小郭带领班组成员严格执行定额、优化劳动定额、降低工具消耗定额所体现出来的主观能动意识。

（1）要有优化定额指标的主观能动意识

在组织层面上，班组不具备制定和修改定额的管理权限与职能。因此，班组长进行定额管理的首要职责就是让员工清楚地了解自己的定额指标，运用各种技术管理手段监督贯彻执行定额，确保班组各项定额指标落实。当然，定额管理并非完全被动地执行既有定额指标，在严格执行现行定额指标的前提下，班组长要具有主动优化定额指标或者降低消耗指标的意识与行为，这是班组定额管理的基本内容。班组长小郭“一边动员乙班全体成员围绕快速提高产量定额水平开展提案活动，一边组织班组骨干对比分析各工位的实作工时与生产节拍”所具有的主观能动性，值得班组长学习和借鉴。

（2）要有找出关键制约因素的科学意识和能力

班组长在进行定额管理的过程中，如果只有优化定额指标或者降低消耗指标的主观能动性，缺乏科学的分析能力的话，优化班组定额指标或者降低消耗指标就是一句空话。因此，要学习班组长小郭带领员工科学地分析实作工时与生产节拍，找出关键制约因素的科学意识和能力。也就是说，班组长只有具备了科学意识和能力，才能找到问题的症结所在，才能更好地采取措施与方法解决问题，从而优化班组定额。

（3）要有运用科学合理的方法降低工具消耗定额的绩效意识

班组定额管理的基本任务就是班组长充分运用各种技术手段和管理方法，确保各项定额指标的落实与完成，实现班组绩效。在降低工具消耗定额的过程中，小郭和班组成员一起首先统计分析了班组上一年的工具消耗情况，并按照单项工具消耗费用占总消耗费用比例进行排序，再根据各工位不同工具消耗的实际发生值和作业内容确定岗位工具消耗系数，科学地将班组工具消耗定额分解到每个人，并将实际完成情况与员工的绩效奖金挂钩。这种定额管理的方法以及体现出来的绩效意识，值得班组长学习和借鉴。

通过这个班组故事可以看出，主焊线乙班在定额管理方面取得的每一项进步都与班组成员的集体智慧密不可分。这给我们的启示是班组成员的积极参与是提高班组定额管理水平的基本保证与有效方式。

二、成本管理

成本是指为实现特定目的消耗的资源量或者货币量。已经发生的成本，如果产生相对收益，则称为费用；如果没有产生相对收益，则称为损失。成本管理是对企业为降低经营活动费用而进行的管理工作的总称。班组成本管理是以定额为基础，记录、核算、分析、评价并控制和改进班组生产活动经济效果的管理行为过程，通常包括成本计划、成本控制、成本核算和成本评价 4 个相互关联的环节。其中最重要的环节是成本控制，即在作业过程中使实际发生的各种消耗控制在成本计划水平内。在此意义上，班组成本管理的重点是班组成员的作业过程。

在成本管理的过程中，班组长首先要使员工清楚地知道自己的理论成本指标或者计划成本指标，其次是运用各种技术和管理手段监督员工在作业过程中把自己的成本控制在指标范围内，最后以此为基础持续降低成本，因为成本管理的总方针是降本增效。

由于成本管理是一个循环往复的过程，在技术层面上，班组长可以借鉴质量管理中的 PDCA 循环工作法来推动。从人的角度上，班组长应注重培养员工的职业素养。一旦员工将降本增效变成一种工作习惯，班组的绩效就必然会得到持续改善和提高。让员工养成这种习惯的方法是持续开展“几个一”活动，即产量高一点、质量好一点、消耗少一点……具体规定每个员工降本增效的价值指标与方向。

班组故事

成本管理出效益

齐齐哈尔车辆厂铸钢车间为了降低吨钢成本，在电炉工段开展了“百炉无废钢”竞赛活动。电炉一组古建忠炉台的成员已经做到了 96 炉无废钢，但因为操作不慎，造成了一炉废钢，使得前功尽弃。由于这一炉废钢，目标成本没有实现，按照以降低成本为核心的经济责任制，要对炉台的整个季度工作实行全面否定。

古建忠是该企业有史以来最年轻的炉长。他逐渐意识到，作为带头人，除了炼钢之外，还要加强对炉台的成本管理，让大家的辛勤劳动真正转变为有价值的产品。第二天，他把平均年龄不到30岁的班组成员召集在一起，就如何降低钢水成本进行了第一次经济活动分析会。车间年度钢水成本指标是2850元/吨，炉台现在的实际成本是2964元/吨。为了达到规定的指标，每吨钢水成本要在现有基础上降低114元。一个班次以5炉共50吨钢水计算，需要降低成本5700元，一年下来就是一笔不小的成本。为了实现2850元/吨的成本指标，大家一致决定把班组的钢水成本指标锁定在2844元/吨上。也就是说，班组的钢水成本指标要在车间确定的成本指标的基础上，再降低6元/吨。

班组成本目标确定后，古建忠和班组成员结合班组实际情况，围绕物化劳动和活劳动的定额开展工作：一方面严格控制所用物资的定额消耗，开展增产节约活动；另一方面努力提高班组成员的操作技术水平，让炼钢过程更加精细化。

自此，炉台前多了一张表格，表格中列出了炼钢所用的8种原材料的价格。现场管理也发生了变化，就连以前没人在意的废钢也被严格把关，超长料和轻泡料一律退回，以减少材料浪费。至于价格昂贵的生铁、硅铁、锰铁、镍等，则由材料员一一过秤，并作好记录。在出钢后，材料员还要对节余的材料进行过秤、记录，然后返库。在炼钢过程中，员工严格按工艺部门给定的材料定额计量加料，做到点滴节约。虽然炉衬和钢水包用的耐火砖不值钱，但员工还是利用休息时间把拆下来的耐火砖一块块挑选清理，尽量做到循环利用。某天，材料员向大家宣布：材料消耗指标已经在可控范围内了，有些指标甚至比车间规定的还要低。

古建忠认为，在控制物料消耗的同时，还必须重视人的活劳动，即通过先进的操作方法提高大家的操作技能水平，进而控制吨钢耗电量这个关键指标。他把曾在这个炉台工作过的老炉长李晶杰请了回来，请他介绍“三勤，四快，五不出钢”的操作方法，即勤加料，勤测温，勤搅拌；快扒渣，快加料，快补炉，快出钢；温度不合格不出钢，成分不合格不出钢，脱氧不好不出钢，渣子不白不出钢，钢水包烘烤不好不出钢。由于班组成员熟练掌握和运用了先进的操作方法，炉台的吨钢耗电量由 680 度下降到了 630 度；优质钢率由 79% 提高到了 92%。随着人的活劳动水平不断提高，对物化劳动的控制也进一步加强，钢水的成本也降低了。

转眼到了 12 月份，古建忠炉台的班组成员算了一下账：钢水的平均成本达到 2841 元 / 吨，比上一年降低了 123 元 / 吨，比车间规定的成本指标还要低 9 元 / 吨，比班组自己确定的成本目标降低了 3 元 / 吨。面对通过努力创造出来的业绩，班组成员都非常开心。

点　评

炉长古建忠带领班组成员厘清了班组成本问题，制订了成本改善计划，并采取多种措施狠抓成本改善计划的落实。

（1）进行成本管理首先要算清账

班组长在进行成本管理时，首先应该算清账。在班组成本管理中，核算的主要是直接成本，一般包括材料费、人工费、能源动力费及其他生产费用，而所有的核算因素应该尽量以货币资金的形式来体现。例如，班组故事中，“车间年度钢水成本指标是 2850 元 / 吨，炉台现在的实际成本是 2964 元 / 吨。为了达到规定的指标，每吨钢水成本要在现有的基础上降低 114 元。一个班次以 5 炉共 50 吨钢水计算，需要降低成本 5700 元”。这就是以货币资金的形式体现核算因素的典型事例。如果有的核算因素不能直接用货币资金的形式体现，也要尽量将技术指标货币化。在算清账的基础上，将实际成本与考核指标相比较，再根据“二八原则”厘清成本问题的关键因素，如古建忠把成本改善的重点放在严格控制所用物资的定额消耗和提高班组成员的操作技术水平两个方面。

（2）厘清问题后制订成本改善目标与行动计划

在进行班组成本管理的过程中，班组长要带领员工根据班组实际情况分析成本指标，制订班组成本指标计划，然后再根据成本指标的可控程度分解到每位员工或者每个作业岗位上，这样形成的作业行动计划才能达到“千斤重担大家挑，人人肩上有指标”的效果。

（3）采取措施狠抓成本改善行动计划的落实

制订出成本改善目标与行动计划后，需要班组长采取措施狠抓成本改善行动计划的落实。班组故事中，古建忠从物化劳动和活劳动两个方面，狠抓成本改善行动计划的落实：对物化劳动，体现在做好物资的细化制度管理上；对活劳动，体现为请老炉长李晶杰介绍“三勤，四快，五不出钢”的操作方法，以提高员工的操作技术水平。

三、经济核算

经济核算是指班组根据定额和成本，对生产中的消耗与成果或者投入与产出进行核算，从而判断和评价效益；从员工个人角度来看，是岗位经济责任制结果的体现与评价。班组经济核算的具体内容分为三类：一是单项指标核算，即直接用实物量或工时量与计划或定额相比较；二是价值综合核算，即以货币或企业内部的货币为计算单位，计算和反映综合效益；三是自计盈亏的投入核算，即生产收入补偿支出后获得的内部利润。班组具有相对独立地完成一定量的生产或者服务工作的能力，因此是分清经济责任、核算经济效果的最小经济核算单位。

在班组进行经济核算时，企业从宏观基础层面有具体的要求与规范，班组长只需遵照执行即可。班组长的经济核算履职能力主要体现在微观操作层面，因人、因事而异，主要是组织员工参与经济核算，共同确立班组内部的核算原则和核算程序，并使每位员工了解自己所承担的核算责任及利益关系。

班组长还应该意识到，按照惯例或者事先约定的程序进行核算是一项非常重要的基本原则，因为程序的公正不仅可以使核算结果与实际相符，而且可以使员工产生公平感，使员工心悦诚服地接受，促进班组人际关系良性发展，能避免产生被“秋后算账”的感觉，导致人际关系恶化。另外，需要督促员工持续做好原始记录，以便掌握各种真实、准确的数据，只有这样才能正确核算出班组劳动的消耗和成果以及个人劳动绩效，为经济活动分析打下基础。

班组故事

大账小账一起算

齐齐哈尔某车辆厂制动机车间七班共有13名成员，担负着车间主产品“120”阀的组装任务。按照车间与班组共同制定的经济责任制规定，组装一台“120”阀给定的工时为3.25小时。8月份实际出勤工时是168小时，全组13名成员可完成的工时量应为2184小时，按工时定额可组装672台“120”阀。为了满足生产需求，车间给七班下达了月组装1000台“120”阀的任务。此外，经济责任制规定，“120”阀的一次交验合格率应在90%以上。

从车间领到“军令状”后，班组长老朱感觉犹如泰山压顶。考虑到班组成员的承受能力，他并没有急着向大家传达生产计划。老朱想起了自己当工人的时候，车间曾经下达了月组装800台“120”阀的生产任务，这在当时几乎是一个天文数字。可是计划就是命令，不容有半点儿迟疑。老班长带领大家进行班组核算，把任务和指标分解到了每一名成员，人人肩上扛指标。没想到这个办法非常管用，把班组成员的生产积极性调动了起来，顺利地完成了当月800台的生产任务。想到这里，老朱眼前一亮，心里似乎有了谱。

老朱找来班组经济核算员小马一起商量对策。为了调动大家的积极性，增强大家的信心和勇气，老朱决定在班组开展公开的经济核算活动，让大家共同来“大账小账一起算”。算大账，就是算可以给企业乃至国家创造多少经济效益；算小账，就是算可以给班组每一位员工带来多少经济收入。经济核算员小马在车间经济计划员的指导和帮助下，首先算出大账：一台“120”阀的销售价格为3100元，8月份生产1000台，就可以为工厂实现产值310万元，在组装环节创造的经济效益近15万元，也就是说班组每名员工实现经济效益近1.2万元。如果进一步降低成本，这个数字会更大，由此大家意识到了责任的重大。其次，小马引导大家算出小账。为了顺利完成1000台“120”阀的生产任务，班组13名员工在8月份每人必须完成80台左右的生产任务。一台“120”阀的定额工时是3.25小时，80台的实际工时就是260小时，而当月每人的计划工时为168小时，因此每人必须多工作92小时。车间经济责任制规定超额工时的工时奖为1.25元/小时，这样仅超额工时奖一项员工就可以拿到奖金115元。还有一种与之相配套的阀体需要生产，按此方法计算，员工可拿到超额奖230元。在此基础上，班组当月如果完成车间下达的9项经济技术指标，员工全月可拿到奖金380元左右。加上当月基本工资，一名中等技术工人的月收入能达到2500元左右。这在21世纪初年平均收入水平不高的齐齐哈尔地区，的确是一个比较诱人的数字。大家认为要想增加收入、提高生活质量，就要付出辛苦和努力。

大账算出了员工的自豪感和责任心，小账算出了员工的希望和干劲儿。时机恰到好处，老朱向大家公布了8月份的生产任务，并传达了车间的明确规定：不会以特殊情况下的生产结果作为以后定额调整的依据。这无疑给班组成员吃了一颗定心丸，为大家做好班组核算、增产增收营造了一种和谐的氛围。

进入 8 月份，班组开工的准时率大大提高，甚至有人提前开工，连工间休息也不知不觉被取消了。大家各自的工作台上都多了一本记载工作效果的台账，下班之后，每个人都会统计一下自己当天完成了多少工时的工作量、能拿到多少超产奖金，同时也会检查各项经济技术指标的完成情况，并记录在案。10 天过去了，正当大家干得热火朝天的时候，员工小陈的工作台发生了故障。工作台故障排除本是维修组的工作，即便延误了时间，按规定还是可以拿到小时工作票。可是小陈并没有袖手旁观，而是与维修组的工人一起检查和维修，尽量缩短停工时间。不过，还是慢下了一天。为了确保班组全月生产计划完成，小陈每天下班后主动多工作 2 个小时，用了近 5 天时间把慢下的生产进度赶了回来。

在车间下达的班组核算 9 项经济技术指标中，最关键的一项是产品一次交验合格率要达到 90%。如果这项指标出现问题，就会造成满盘皆输的结果。"120"阀的质量受多种因素影响，除了工艺和技术外，环境和空气质量也会影响交验合格率。大家经过商量后，自己动手给每个组装台位做了一个封闭罩，形成了一个简易的操作间，以保证空气清洁。操作间的地面也被铺上了胶皮，大家制定了进入操作间必须换鞋的新规定。

大家的共同努力和辛勤劳动结出了硕果：8 月份七班组装了"120"阀 1035 台，9 项经济技术指标全面完成，劳动效率达到 153%，人均奖金接近 400 元，人均收入超过 2500 元。班组长老朱深刻地感受到了通过班组经济核算给员工们带来的生产积极性，坚定了带领大家继续做好班组经济核算工作的决心和信心。

点 评

班组长老朱通过"大账小账一起算"的经济核算方式，激发了班组成员的工作积极性。

（1）通过经济核算体现出家国情怀

中国工人具有把本职工作做好的优良传统，从马恒昌小组到王海班组都是如此。班组故事中，算大账是告诉班组成员可以给企业乃至国家创造多少经济效益，将员工的本职工作与家国情怀结合在一起，让大家用更广阔的视野看待自己的劳动及劳动价值，这一点非常重要。中国人具有心怀家国情怀的传统，然而在现实中，有的班组长认为这是形式主义，将它忽视。班组长应该学习老朱培养员工家国情怀的思想意识与行为。

（2）通过经济核算将生产工作与员工切身利益紧密相连

班组长老朱算小账，把班组经济核算与员工的切身利益紧密联系在一起，既反映了大家的劳动成果，又体现了按劳分配的基本原则，从某种意义上也是对员工主人翁地位的直接肯定。员工在劳动中能看到自己的劳动成果与劳动价值，从而形成主动劳动和自由劳动。例如，为了确保班组全月生产计划完成，小陈每天下班后主动多工作 2 个小时，用了近 5 天时间把慢下的生产进度赶了回来。

（3）通过经济核算程序使员工产生公平感

既然是经济核算，就必然存在员工劳动报酬兑现的公平性问题。班组长应该意识到，按照规定或者事先约定的程序进行核算是一项非常重要的基本原则。程序的公正不仅可以使核算结果符合实际情况，更重要的是让员工产生公平感，使核算结果被员工心悦诚服地接受，促进班组人际关系良性发展。在班组故事中，全体班组成员共同参与“大账小账一起算”的内容讨论，凸显了程序公正。

四、经济活动分析

经济活动分析是以经济核算为基础，运用科学的方法分析和研究企业的经济活动过程和结果，寻求有效地利用人力、物力、财力，合理地安排生产经营活动和其他经济活动，以提高经济效益为目的的一项经营管理工作。班组经济活动分析是将班组和个人的经济核算结果与定额相比较，以具体数据为依据，对班组和个人的经济活动进行分析和研究，找出与计划指标存在差距的原因，并据此制定出弥补差距或者挖掘潜力的措施的过程。

班组经济活动分析一般包括生产分析，即生产成果的使用价值效果分析；指标分析，即生产成果的经济指标效果分析；投入产出分析，即生产成果的货币价值效果分析。班组经济活动分析一般采用三种方法：一是对比分析法，即通过比较分析预期与现状，确定指标之间的差异，以揭示矛盾、寻找差距、挖掘潜力；二是因果分析法，即找出产生结果的各种原因，分析相互间的因果关系，区分主次原因；三是平衡分析法，即根据各经济指标之间的平衡关系，分析经济活动的平衡协调情况，查明因素变动的影响程度。

班组长能够组织并带领员工共同参与班组经济活动分析是其基本的履职能力要求。经济活动分析体现了事实、逻辑与经济活动之间的密切关系，是一种从感性到理性的认识活动过程，即从事实结果出发形成概念，再由概念形成判断，最后由判断进行推理并得出结论的思维过程。因此，班组长首先要监督员工，以保证数据的真实性与准确性，然后与大家一起用判断和推理的方法进行合乎事实的逻辑分析，使分析结论能正确反映班组经济活动的内在联系与变化规律，最后与员工共同提出保持、改善或者改进班组经济活动的策略与方法。班组长还应该具有选择影响或者提升班组和个人绩效的关键问题进行经济活动分析的能力，并分析出现有的结果是由客观条件还是主观条件造成的，提出改善或者改进的措施。

班组故事

小分析，大收益

某车辆厂制动机车间车工四组正在召开班组经济活动分析会，当班组经济核算员把事先准备好的资料和核算结果向大家公布以后，全场鸦雀无声，一片沉寂。11 月，车间考核班组的 9 项经济技术指标除工具费外，其余 8 项均未完成。这在车工四组的历史上是从来没有过的事情，别说奖金了，大家就连基本工资都没保住。虽然企业反复强调过工资能升能降，但是一旦真的落到自己头上，大家仍然一时难以接受。

车工四组有 7 名员工、各类车床 8 台，担负着产品种类多、工序比较复杂的小件加工任务。班组长大崔对沉默不语的班组成员鼓劲道："11 月我们是打了一个败仗。一次失败并不可怕，重要的是要从失败中找出原因，采取措施，尽快扭转被动的局面。"接着，大崔开始动员大家找原因。

首先，班组经济核算员把 8 项未能完成的经济技术指标与车间下达的计划指标逐一进行了对照，试图找出差距所在。一接触到实际的工作，大家的话匣子就打开了。张师傅在班组工作了近 30 年，他说："相比前几个月，11 月的工时计划是 4250 小时，结果我们只工作了 4100 小时，差 150 小时，平均每个人差 20 多个小时，可见我们的劳动效率在不断下降。原因只有一个，这么多年来，大家只知道拼力气，很少想到向机械设备要效率。"张师傅提出提高设备利用率后，大家就开始围绕设备七嘴八舌地议论起来。这个说这台机床得改，那个说那套刀具得换。归纳起来就是要开展群众性的小改小革活动，以提高设备和工具的利用效率，从而提高班组的生产力水平。

关于设备的话题还没结束，青工小赵开了腔："车间给我们班的退铜计划是 924 公斤，我们才退了 890 公斤，少退了 34 公斤，差在哪儿呢？我看是差在增收节支的意识上。我们班组是车间里的用铜大户，长期以来都是大手大脚的，总觉得浪费点儿也没什么。"小赵的话还没说完，又引起了一片议论声。这个说这儿有浪费，那个说那儿能节约。归根结底，还是要行动起来向增收节支要效益。

经济活动分析会越开越热烈，变成了一场振奋精神、鼓舞士气的动员会。

在大家的热情参与下，大崔当即作出两项决定：一是由张师傅负责组建一个3人技术革新攻关队，带领大家开展经常性的小改小革活动；二是由班组材料工具员负责定期组织大家开展增收节支活动。

经济活动分析会结束后，在张师傅的带领下，攻关小组围绕设备、刀具和加工方法，共实现小改小革12项，提高工作效率35%。材料工具员将班组所使用的全部原辅材料，从价格到使用量逐一进行核算。大崔发现班组对铜管的加工使用量最大，而铜管价格较高，这意味着值得大力进行节约和挖潜。于是，经过和大家商量，大崔决定在班组开展节约铜管有奖竞赛活动。赛和不赛果然大不一样，以前对加工铜管剩下的管头料尾，大家都毫不在意地当废料退铜了，现在大家都将其保留下来仔细堆放好，以备不时之需。小赵更是格外用心，把这些管头料尾按照不同尺寸分别作好记录，依次存放在料箱里。在加工小活儿时，他就按照尺寸要求先查找小本子里的记录，优先选用这些节约下来的管头料尾。仅一个月，他就节约了近10公斤的铜管，仅此一项就获节约竞赛奖金70多元。一年下来，车工四组实施增收节支项目8个，实现增收节支金额3.2万元。

大崔和班组成员都感受到了做好班组经济活动分析会的益处，因此主动修改班组相关规定，将每月一次的活动分析会改为半月一次。一年来，车工四组的生产效率一直保持在135%以上，其他各项经济技术指标的完成情况也一直处于企业领先地位。

点　评

班组长大崔以问题为导向，采用科学的态度组织群众进行了班组经济活动分析。

（1）以问题为导向进行班组经济活动分析

以问题为导向进行班组经济活动分析，很容易达到事半功倍的效果。班组故事中，班组经济活动分析会是针对班组的 9 项经济技术指标有 8 项未完成的实际问题召开的。由于经济活动分析的内容与实际问题紧密联系，所以一接触到实际的工作，大家的话匣子就打开了，使得经济活动分析会变成了一场振奋精神、鼓舞士气的动员会。

（2）以科学的态度对待经济活动分析，揭示问题本质并采取措施与行动

班组经济活动分析不能只停留在找差距和找问题上，更要针对问题深入分析原因，拿出有效的整改措施并付诸行动，这是对待经济活动分析应该具有的科学态度。班组故事中，针对提高设备利用率和降低原材料消耗两个方面，班组长大崔决定由张师傅负责组建技术革新攻关队开展经常性的小改小革活动，由班组材料工具员负责定期组织大家开展增收节支活动，这就是大崔带领员工对待经济活动分析所体现出来的科学态度和整改行为。

（3）带领全体班组成员共同参与经济活动分析，形成集体心理承诺与责任意识

在班组进行经济活动分析，必须由全体班组成员共同参与，这点非常关键。只有全体班组成员共同参与到经济活动分析中，对于分析的结果与采取的措施才会形成班组集体心理承诺与责任意识，从而有利于班组成员共同行动。班组长在进行经济活动分析时，不仅要具有组织能力，还应该具有鼓动能力。大崔对沉默不语的班组成员鼓劲道："11 月我们是打了一个败仗。一次失败并不可怕，重要的是要从失败中找出原因，采取措施，尽快扭转被动的局面。"这就是班组长大崔在班组经济活动分析中所展现出的鼓动能力，值得班组长学习和借鉴。

五、绩效改进

绩效改进是以经济活动分析为基础，将提升班组和个人绩效的措施付诸行动的过程。班组长在领导班组进行绩效改进的过程中，应该把重点放在员工身

上，尽可能为员工的绩效改进提供知识、技能等方面的帮助，因为班组整体绩效改进措施最终都要落实到员工身上，员工个人绩效的改进也需要员工的自我落实。

影响员工绩效的是两个条件的三个因素：一是客观条件——环境因素；二是主观条件——态度因素和能力因素。如果影响员工绩效的是环境因素，那么班组长的职责就是改善班组环境：一是培养气氛，即让员工在一种鼓励他改进绩效的环境里工作；二是给予奖励，即让员工有行为改变后将会获得奖励的心理预期，他就会努力地改变自己的行为。当然，奖励并不完全依赖于物质，因为员工一般不会有超过班组长物质奖励权限的心理预期，给予赞扬、责任、自由和授权等精神奖励也能有效地激发员工进行绩效改进。

如果影响员工绩效的是态度因素，班组长的职责就是改善员工的态度，使之具有改进或提升绩效的自信心与进取心。如果影响员工绩效的是能力因素，班组长的职责就是对员工进行能力培训，使之具有与目标绩效相匹配的能力水平。

绩效改进能否成功的关键是控制改进的过程。在绩效改进的过程中，班组长要给予员工指导和帮助，这样才能保证绩效改进的效果。在绩效改进方面，班组长应该做的工作包括：一是确定班组或个人需要进行绩效改进的地方；二是了解影响班组或者个人绩效改进的原因；三是提出绩效改进的措施；四是提供支持绩效改进措施实施与实现的资源；五是提出让员工接受绩效改进意见的方法。

班组故事

钳工与车工共同改进班组绩效

班组长张金江目前所在的机械分厂金加工组集车工、钳工、磨工、钻工于一体，加工类型跨度较大，工种之间的工艺紧密连接。钳工的主要工作是刮研，即利用刮刀以手工操作的方式，在插齿机工作台锥孔表面刮去一层很薄的金属，边研点、边测量、边刮削，反复加工操作，使之与主轴之间达到符合工艺规定的密合精度，操作起来非常辛苦。上道工序的车工在精车时，如果把插齿机工作台锥孔与主轴接触面按工艺要求将刮研预留量减至最低，哪怕减少1毫米，对于钳工刮研的工作量来说也是天壤之别，能缩短1至2天的刮研时间。当张金江请求车工师傅减少刮研预留量时，车工师傅的一句话噎住了他："我按工艺要求留量，如果因为少留量出了废品算谁的？"

令张金江困惑的是：车工按工艺要求做没有错，钳工要求减少刮研预留量也没有错，这个矛盾如何解决呢？站在车工师傅的角度，为了保证自己车出的产品具有足够的质量安全系数，自然要尽可能地在公差范围内"走"上公差，即多为钳工留出刮研的加工余量，这样当产品出现质量问题时，能有改正的机会。要减少刮研预留量，车工师傅肯定要受损失。按张金江的话说："如果车一个直径800毫米的平台底座，在公差范围内车工具有自由度，工作效率就会高，挣的工时就多，个人的收入也就多。相反，如果规定必须要'走'下公差，留量越少，车工的注意力就要越集中，必然会增加工作难度，而且风险也大，工作压力也会很大。当难度和压力大时，工作效率也必然下降，而工时定额始终是固定的。在公差范围内自由'走'是10个小时，做到下公差也是10个小时，本来工作9个小时就可以完成，现在按新要求可能会是10个小时甚至更多的时间，对于车工师傅来说无形中就减少了工时定额，少拿钱，心里肯定不舒服。"

然而，张金江又算了一笔减少刮研预留量对于班组绩效改进和企业绩效提升的账。他说："表面上看，车工师傅损失了1小时的工时定额，而钳工能提前1至2天完成工作。例如，直径800毫米的平台底座原来初刮需要5至6天，现在只要3天半。而且，提前把工作台空出来交出去，为后续装配赢得了时间，我还可以仔细认真去抓班组工作，去发现平时忙于赶生产进度而未能发现的问题。因此，我必须想办法让他们拧成一股绳。"

如何让他们拧成一股绳呢？张金江心里非常清楚，这件事情的主要矛盾在车工，钳工是受益者。有一段时间，车工师傅们闲着没事做，钳工刮研缺人手，张金江认为机会来了。他找到车工师傅说："你们过去帮钳工推磨，一天计 4 个小时工时。在推磨的空余时间，你们还可以把零件擦干净，上点防锈油，都可以算工时。"车工师傅们一看有活儿干了，心里当然高兴，因为上班不干活儿就没有工时，也就挣不到工资。他们立马就去帮钳工师傅们推磨。在帮钳工师傅们推磨的过程中，车工师傅感受到了钳工师傅的劳动强度与辛苦程度。几天后，张金江就找到车工师傅，以商量的口吻试探能否把刮研预留量做到 0.80～1 毫米的间隙。他们同意后，按此要求做出了一批。

张金江对钳工师傅说："怎么样，工作量少了吧？"

钳工师傅说："能不能再小点儿？"

张金江调侃钳工师傅："你们这些人不知足，人家还要挣工时啊！你要体谅人家呀！你们工作简单了，1 个多月挣了上百个工时，工资涨了。人家 30 天只挣了 28 天的工资，心里会高兴吗？"

"这样，我们补他们 20 个工时，行不行？"钳工师傅说。

钳工师傅不经意间的话语提醒了张金江：是啊，应该让钳工回报车工，这样合作才能长久，从而形成良性循环。周末是打扫卫生和设备保养的时间，钳工师傅们一般只是扫扫地、整理下现场。而车工师傅却要保养 4 至 5 米高的大型立车设备，爬上爬下劳动强度很大，时间也很长。针对此种情况，张金江就安排钳工师傅帮助车工师傅做设备保养，以减轻车工师傅做设备保养的压力。由于完成设备保养工作可以获得设备保养奖，一台大型设备的保养奖奖金是 200 多元，无形中也使车工师傅们在轻松的状态下增加了收入。更重要的是，通过合作增强了钳工师傅与车工师傅之间的情感交流与价值认同。渐渐地，金加工组的钳工师傅与车工师傅在刮研预留量问题上的关系理顺了，两股绳拧在一起了。

点 评

班组长张金江在绩效改进工作中，凸显了员工的能动性、主体性地位和情感培养。

（1）动态、系统地考虑班组绩效改进

传统的对绩效改进的理解是静态的、直线型的，而张金江的故事使我们对绩效改进有了动态的、系统的理解。班组故事中，张金江算了一笔减少刮研预留量对于班组绩效改进和企业绩效提升的账，从表面上看会给车工师傅带来损失，实际上会给企业带来整体绩效的提升。这拓展了我们对班组绩效改进的认识与理解，为班组进行绩效改进提供了空间。因此，对班组绩效改进的认识与理解，应逐步由被动完成上级指挥链下达的工作任务指标，向能动性地提高贡献度转变。

（2）在班组绩效改进过程中凸显员工的主体性地位

班组绩效改进应该以班组成员为主体，这是班组长在绩效改进过程中始终要坚持的立场。张金江在班组绩效改进过程中，思考的出发点始终在员工身上，整个过程都凸显了班组成员的主体性地位。他采取了一种让员工换位体验与思考的管理方式，即让班组上下工序员工都感受到彼此的不容易，从而思考自己的工作及工作绩效如何更好地服务于下游的“客户”，拓展了对自己的工作及工作意义的认识——不仅要为自己的绩效工作，也要为他人的绩效作贡献。班组长一定要明白，对员工的惩罚不具有持续性的作用，只有培养员工自我激励与自我责任的意识，才能使员工的工作具有绩效并能持续改进其工作绩效。

（3）在班组绩效改进过程中注重员工的情感体验

在绩效改进过程中，要注重情感融洽与价值认同，而不是物质利益的等价交换。当钳工师傅要给车工师傅补贴 20 个工时时，张金江没有同意，而是要求钳工师傅周末帮助车工师傅做设备保养。这样做是因为要使班组工作富有绩效，就要让员工对班组工作具有成就感。然而，利益的等价交换很难使交易双方产生对工作的成就感。因为一旦进行了利益等价交换，双方就会变成一种冰冷的理性契约关系，成就感就会荡然无存。所以，要让员工对工作富有成就感，关键是要让他们把工作的价值注入自己的人格价值中。例如，钳工师傅受益后帮助车工师傅做设备保养，双方都不会认为这是一种契约与交换。受益方存在感恩情结，助力方也认为是应该的，双方的情感更为融洽。

本章思考题

1. 什么是定额管理？试讨论为什么劳动定额是班组定额管理与定额优化的重点。

2. 什么是成本管理？试讨论如何应用管理方法和技术手段对员工作业过程进行成本控制。

3. 什么是经济核算？试讨论为什么程序公正是班组经济核算的基本原则。

4. 什么是经济活动分析？试讨论为什么经济活动分析一定要全体班组成员共同参与。

5. 什么是绩效改进？试讨论为什么要始终坚持班组成员是班组绩效改进主体的立场。

第3篇

管理能力

CHAPTER 3

西方管理学大师对管理有很多的定义，也有多种解释，我们所讨论的管理是指班组长在履职过程中围绕人际互动这一核心概念而开展的管理。因此，班组长的管理能力是指班组长在履职过程中能与班组成员良性互动，并创造积极的人际关系。

班组长是企业的一线管理者，直接管理非管理人员（技能人员）是其管理属性上的本质特点。班组长的角色地位决定了班组长基本上是从企业的立场来看待班组中的人和事，而班组成员则是从自身的立场来看待班组中的人和事。由于看问题的立场不同，班组长和班组成员必然会对班组中同一个问题或者事件产生不同的看法，并且很容易导致矛盾冲突。因此，班组长必须具备改变或者调和员工立场，使之与企业的立场一致的履职能力，并能与员工形成良性互动，创造积极的人际关系，再通过员工主观能动性的发挥为企业创造绩效。

在班组长的履职能力结构中，管理能力强调的是与人之间的关系以及人际互动，即为履职行为的有效性而完善自身的行为准备，其主要内容包括冲突管理、有效沟通、有效激励、领导活动、团队建设。

第 8 章

冲突管理

学习目标

能基本了解冲突管理中识别冲突性质、探寻冲突根源、解决冲突策略和培养良性冲突的内容。

能识别冲突的性质，围绕事件性质使冲突保持在健康水平，围绕人员性质化解冲突矛盾，避免伤害。

能探寻冲突的根源，将探寻的焦点始终放在事物及人对事物的反应上，不是对人本身。

能提出解决冲突的策略，改善和影响人对事物的情绪体验是解决以人为焦点的冲突的主要策略。

能培养良性的冲突，可适当制造以事件为焦点并不伤害成员之间感情的冲突。

有人的地方就有冲突，同时也就存在着冲突管理。班组与班组管理具有群众性、直接性、具体性和多元性的性质特点。因此，冲突常常会在班组中出现，使得班组长必须进行冲突管理。冲突是指个体或组织由于互不相容的目标、认知或者情感等因素相互作用而使双方感知到差异，并产生或将产生消极影响，从而导致双方关系或者行为呈现出的一种紧张状态。这个定义告诉我们，冲突是人的感觉与感知，当人感觉与感知到冲突时，冲突就存在；当人没有感觉与感知到冲突时，冲突就不存在。

从管理理论与组织行为学角度来看，人们对冲突的理解经历了三个阶段：一是认为冲突是有害的，会给个人或者组织造成不利影响。冲突管理的任务是尽可能避免和消除冲突。二是认为冲突是不可避免的，对个人或者组织具有正负两方面的影响，因此要接纳冲突并承认其必然性与合理性。冲突管理的任务是抑制负面影响、引导正面影响。三是认为冲突有利于组织保持活力、防止惰性。冲突管理的任务是鼓励良性冲突，保持冲突水平适度——以不伤害人际关系为原则。

本书以第二种和第三种认识为基础，对冲突管理进行学习与讨论。在冲突管理中，班组长的履职能力体现在通过鼓励班组成员围绕班组中的事项进行争论与博弈，培养良性冲突，抑制恶性冲突，使冲突有利于班组组织的健康发展和目标实现。冲突管理的主要内容包括识别冲突性质、探寻冲突根源、提出解决冲突的策略、培养良性冲突。

一、识别冲突性质

识别冲突性质是指班组长对班组发生的冲突事件或者争执内容与焦点的价值进行判断，形成肯定或者否定的态度。人是冲突的主体，冲突的客体本质上有两种性质：一种是围绕着事展开的冲突；另一种是围绕着人展开的冲突。因此，班组长在面对班组冲突时，首先要控制自己不良的情绪反应，保持头脑清醒，在此基础上理性地识别冲突的性质，即辨别冲突是围绕班组中的事所发生的，还是围绕班组中的人所发生的。

围绕班组中的事所发生的冲突通常有利于班组组织的健康，因为它是为了解决问题而展开的活动；围绕班组中的人所发生的冲突通常不利于班组组织的健康，因为它容易挑起道德与价值的评判，从而引发双方强烈的情绪纠纷，损害人际关系。冲突的性质不同，处理冲突的方式也应该不同：围绕班组中的事所发生的冲突，应该按刚性原则对待与处理；围绕班组中的人所发生的冲突，应该按柔性原则对待与处理。

因此，基于理性识别冲突性质的基础，面对围绕班组中的事所发生的冲突，班组长应努力把冲突保持在健康水平，以不破坏成员间的合作关系为限度；面对围绕班组中的人所发生的冲突，班组长应化解矛盾，避免冲突升级、人际关系受到伤害，以重新构建成员间的信任关系并使之良性互动为限度。

班组故事

识别“问题班组”的冲突性质

黄明安万万没想到，车间主任竟然要把一个在厂里出了名难管的问题班组交给他。这个班组的前任班组长因经常与班组成员发生冲突，导致管理混乱而被撤职，班组里还有几名出了名的“刺头”青工，再加上自己对这个班组的设备不熟悉，也没有独立管理班组的经验，使得黄明安压力很大。但组织的命令必须服从，就这样，黄明安当上了攀钢轨梁厂机械车间大剪班的班组长。

上任第一天，黄明安就闹了个笑话。那天正好是设备检修的日子，在分配任务时，他把更换半圆瓦说成了更换钨金瓦。全班组顿时哄堂大笑，还有人冷冷地说道：“什么都不懂，还当班长？”还有一次，黄明安安排一名青工去现场处理设备故障，那名青工却爱搭不理，躺在椅子上一动也不动。类似这样尴尬的事黄明安也经常遇到，每次都是束手无策。他想了很多办法来提高自己的威信，却都无济于事。

有一天，黄明安在休息室注意到班里几位老师傅聊家事聊得津津有味。他突然茅塞顿开，想要得到这些老师傅的信任和支持，直接跟他们谈班组管理的事可能行不通，如果先聊一些他们感兴趣的事，等彼此熟悉、取得了信任后，再谈班组里的事，肯定更顺畅一些。想到这里，黄明安决定从聊家事入手，尝试着与老师傅们沟通。

黄明安听说班里技术“大拿”荣光凯老师傅的孩子学习成绩好。一天工作结束后，他抱着试一试的心理，和荣师傅聊起孩子学习的事。没想到平时不好言语、喜欢闷头钻研技术的荣师傅说起3个让他骄傲的女儿话就多了，和黄明安说话的语气也亲切了许多。黄明安发现这种交流方式挺管用，便又找到家在农村的老师傅聊起了家乡的农田、庄稼和农村生活。班组里有人生病了，黄明安会主动去探望；有人遇到困难，他也会想办法帮忙解决。通过经常与大伙交流、沟通，慢慢地加深彼此之间的感情，黄明安在班组里也逐渐有了一定的群众基础，冲突减少了。

一天中午，班上一名“刺头”青工带着几个社会上的朋友提着酒和肉准备在休息室里小“撮”一顿，班组成员都关注地看着黄明安如何处理。黄明安看着这几个人的架势，知道这事不好管，要是管了肯定会发生冲突。但是如果不制止这股歪风邪气，自己就会威信扫地，之前所做的一切努力都将付之东流。想到这儿，黄明安便心平气和地对那几个人说：“厂里规定上班时间不能喝酒，请你们马上把酒拿走。这儿是工厂，不是酒馆。”他的话音还未落地，其中一个青年站了起来，冲着黄明安说：“哥们儿，你也太不给面子了吧。”黄明安毫不畏惧地说道：“不是我不给面子，违反了厂里的规定，你朋友要受罚，班组也要受罚，我只能请你们离开。”那几个小青年看黄明安态度坚决，说话也在理，只好提着酒和肉走了。

妥善处理这起冲突事件之后，大家都对黄明安刮目相看，黄明安心里也有底了：只要班组长行得正、站得直，敢于批评、善于批评，班组的歪风邪气就会被压下去，就会形成良好的班风，矛盾就会减少，关系也会得到有效改善。

随着老工人的离开，班组中的青工越来越多。不少青工认为钳工活儿没什么可学的，工作也马马虎虎，经常和黄明安发生冲突。黄明安组织了一次班组考核，要求青工们按要求到库房取天天打交道的螺丝、螺帽和工具。由于物品规格类似、尺寸相近，结果没有一个人是全拿对的，青工们因此受到了深深的触动。自此以后，黄明安每个月都会在班组举办技术讲座并进行操作考核。通过平时的练习，班组成员参加厂里举办的职工技能大赛时，包揽了钳工专业的前五名。这批青工目前大多具有世界领先的技术水平，是攀钢轨梁厂万能轧制生产线上的检修维护骨干。

点 评

班组长黄明安识别了冲突的性质，并根据不同冲突性质对冲突进行了恰当处理。

（1）围绕着人的冲突以柔性处理为主、刚性处理为辅

黄明安刚任班组长时，与员工的冲突的实质是围绕着人而展开的，即由于班组成员对他不信任而导致的冲突。由于识别到与员工的冲突是由人引起的，黄明安在处理时控制了自己不良的情绪反应，使心智模式呈现柔性，避免了冲突激化。试想，如果黄明安没有按照围绕着人的冲突的认知进行柔性处理，可能不仅解决不了问题，还会加深矛盾。

（2）围绕着事的冲突以刚性处理为主、柔性处理为辅

制止班上一名“刺头”青工带着几个社会上的朋友在休息室聚餐，是黄明安对围绕着事的冲突展开的处理。对于这一围绕着事的冲突，黄明安以刚性的、理性的态度对待，采取了与围绕着人的冲突完全不同的处理方式。这是处理这个冲突的正确方式。

（3）在保持班组人际关系和谐的基础上，对围绕着事的冲突以刚柔相济的态度处理

“随着老工人的离开，班组中的青工越来越多。不少青工认为钳工活儿没什么可学的，工作也马马虎虎，经常和黄明安发生冲突。”这是典型的围绕着

事的冲突。在人际关系和谐的前提下，黄明安对围绕着事的冲突采取了刚柔相济的态度处理。刚——青工必须要改变工作态度与工作作风，提升技能水平不容妥协；柔——通过组织考核让青工认识到自己的不足，加强技术学习。

二、探寻冲突根源

从心理学角度来看，冲突是人的感觉与感知产生的情绪反应，因此必然存在相应的刺激事物，才使冲突得以发生。因此，班组长在理性识别冲突性质的基础上，必须探寻冲突根源，即明确刺激的事物。

冲突的主体虽然是人，但客体是事物，即使是围绕着人发生的冲突，刺激源也是事物。因此，班组长在探寻冲突根源的过程中，一定要把焦点放在事物以及人对事物的反应上，避免针对人本身。即便员工在冲突中表现出爆发性或者攻击性，那也只是体现出员工个体对冲突事件反应的差异性，根源在于人对事物不同的认知和情感差异。冲突产生的根源具体来自 4 个方面：个体差异、角色矛盾、情境压力和沟通障碍。

个体差异是由于不同的生活与文化背景产生不同的认知和情感差异，从而导致每个人对事物的理解不同。个体差异所导致的冲突很容易演变成以人为焦点的冲突。因此，班组长应在理解这方面冲突根源的前提下，帮助冲突双方把焦点放在问题上，而不是放在对人的评判上。

角色矛盾是由于个体承担着不同的工作目标与责任，在班组资源运用或者运用策略上存在分歧。在工作依存度高但角色地位互不相容的班组结构里，成员间产生冲突会比较频繁。例如，班组长与班组成员由于角色矛盾就会经常发生冲突，对此班组长要有清醒的认识。

情境压力是由于环境条件使任务完成具有不确定性，导致班组成员心理和行为的不确定性，从而产生焦虑感。

沟通障碍是班组成员间由于信息不对称而发生误解，导致产生错误判断。

班组故事

探寻班组中代际冲突的根源

班组长老吴精力充沛，退休前干劲十足地想让班组工作更上一个新台阶，站好最后一班岗。可是事与愿违，班组里的几位“00后”青工处处与他作对，使他心烦意乱。

一次班前会，吃、穿、用很讲究的青工张振姗姗来迟。老吴气不打一处来，批评张振的个人生活方式，大讲要艰苦奋斗，要工作上心，要警惕不良习惯等。老吴讲得口干舌燥，但以张振为代表的“00后”青工却置若罔闻。他讲话时，大家私下议论纷纷；他征询意见时，全场却鸦雀无声。

还有一次，班组临时安排加班，但张振已经提前约了朋友看电影。老吴让他取消预约，张振坚决不同意，说答应了朋友就必须信守承诺。他硬是冒着受罚甚至被辞退的风险赴约。

虽然老吴对张振不加班的事心里不愉快，但是通过这件事看到了张振及班组里“00后”青工信守承诺的品质。老吴想，只要正确引导，相信他们对工作作出承诺后，也会迸发出高度的责任感。老吴明白了冲突的根源在代沟。张振喜欢穿名牌服装，但这无关品行；老吴却认为生活要艰苦朴素，衣着大方得体即可，凸显品行端正。张振认为工作就是工作，生活就是生活；老吴却认为工作就是生活，生活就是工作。老吴认识到冲突是由代沟引起的后，开始转变自己的工作作风。他主动接近“00后”青工，逐渐理解他们，当然也不忘用“老革命”的姿态去引导他们。

年底，厂里有两台发电机同时进行技改大修，班组15名员工要在60天的时间里完成平时两倍的工作量。有一天中午需要加班，为了避免大家在食堂排队买饭耽误时间，老吴把大伙的饭菜一一买好，蹬着三轮车送回到班组里，放在每个人的桌子上，还泡好茶放在大家面前。大家一边吃饭一边聊天，气氛轻松活跃。张振说话了："班长，现在大修工作忙，好长时间没开班会了，感觉很久没听你训话，我的耳朵有点儿痒痒呢。"大家顿时哄堂大笑，其中几位"00后"青工更来劲了，拍着巴掌要老吴训话。老吴也笑道："是啊，连周五的班组安全活动也没空开展了，可是相应的制度我们还是要执行，做好活动记录，大修期间安全更不能松懈。"另一位"00后"青工提议："我们边吃边学也不错嘛，肯定没人打瞌睡！""哈哈哈……"大家都会心地笑出声来。于是，老吴在大修期间，组织全体班组成员利用午饭的短暂时间，召开了一个严肃认真又生动活泼的班务会。

点　评

班组长老吴从与张振的冲突中探寻到冲突根源是代沟，以柔性的方式进行了化解。

（1）透过现象看本质，找到冲突的根源

代际冲突是在人类历史长河中不可避免的现象，通常用来描述不同年龄的人在价值观念与生活方式方面产生的对立，他们各自形成了一套独有的信念与态度来指导自己的行为，在面对同一事件时会产生分歧与冲突。老吴与张振之间所体现的个体差异，很显然就是代际冲突。多代人共事在班组中十分常见，代际冲突必然会成为许多班组长必须面对的问题。老吴没有将代沟导致的冲突演变成以张振个人为焦点的人际冲突。也就是说，老吴在理解代际冲突是冲突根源的前提下，把焦点放在了解决代际冲突这个根本性的问题上，这就是透过现象看到了本质。

（2）不仅缓解了角色矛盾，还创造了代际和谐

对于班组长而言，首先要正视自己与班组成员之间存在着代际差异、个体差异和角色差异。班组长有了这样的认识，就自然会要求自己努力消解由于角色矛盾引起的冲突。老吴认识到冲突的根源是代沟后，开始转变自己的工作作

风，主动接近“00后”青工，逐渐理解他们。与此同时，探寻冲突根源的目的是消除不良冲突，创造和谐的人际关系。老吴在青工们抢修期间，把大伙的饭菜一一买好、把茶泡好，就是将班组长和班组成员的管理与被管理关系转化为服务与被服务关系的典型事例。吃饭过程中的轻松互动，也充分说明老吴在探寻冲突根源的过程中，消除了与“00后”青工的不良冲突，创造了和谐的人际关系。

三、提出解决冲突的策略

解决冲突的策略主要是针对以人为焦点的冲突。以人为焦点的冲突根源是人的目标、认知、情感差异所导致的情绪反应。班组长解决冲突的基本策略是改变事物或者改善班组成员对事物的情绪体验。

一般情况下，要直接改变事物存在着许多刚性约束，难以满足当事双方的需要。因此，改善和影响班组成员对事物的情绪体验是班组长解决以人为焦点的冲突的主要策略，关键在于帮助班组成员克服心理镜像的歪曲，即认为自己具有善意，而对方具有敌意。

冲突具有两种结果趋向——自我坚持或者相互接纳。自我坚持，趋向满足自己，体现问题的重要性；相互接纳，趋向满足对方，体现关系的重要性。我们以“从不接纳到接纳”为横轴线、以“从不坚持到坚持”为纵轴线划分出四个象限，就可以描述出五种解决冲突策略的表现形式。

第一象限为“接纳—坚持”，体现协作解决冲突的策略。

第二象限为“不接纳—坚持”，体现强硬解决冲突的策略。

第三象限为“不接纳—不坚持”，体现回避解决冲突的策略。

第四象限为“接纳—不坚持”，体现迎合解决冲突的策略。

在这四个象限的中心区域，还有一种解决冲突策略的表现形式，即双方都后退一步，体现妥协解决冲突的策略。

从一般意义上讲，第一象限“接纳—坚持”体现协作解决冲突的策略，是最理想的解决冲突的策略模式。在这一模式中，双方冲突的焦点很自然地都放在问题上，并顾及对方的立场和观点，共同探讨出解决问题的办法，使双方都满意。当然，班组长应该具有在特定情境中调整策略的履职能力，例如双方都后退一步，体现妥协解决冲突的策略。总之，以问题为导向而不是以人为导向，在班组成员间建立或者重新建立信任关系，是班组长解决冲突的基本原则。

班组故事

解决冲突，实现双赢

最近，某厂酸洗车间硫化班班组长老王与车间主任“杠”上了，车间主任非常恼火。起因是为满足生产需要，要在酸洗车间新安装一台硫化罐，按照原设计，这台硫化罐应该安装气门联锁安全装置，即只有当罐盖关到位时，才能送气加压；当罐内气体排出并卸压后，才能开启罐盖。由于生产需要，有关部门把尚未安装气门联锁安全装置的硫化罐交给了硫化班，要求硫化班先初步验收使用，随后补装安全保护装置。

老王代表硫化班不同意验收，拒绝将这台缺少安全保护装置的硫化罐投入生产使用。虽然生产急需使用这台设备，但是老王认为没有安装气门联锁安全装置，员工的劳动安全保护措施就不健全，安全生产就无法得到保障。当生产与安全发生矛盾时，生产必须服从安全。当老王拒绝验收硫化罐的消息传到车间主任耳朵里时，立即引起了车间主任的不满。车间主任扯着嗓门喊道：“气门联锁不是必备的安全装置，暂时没装也不影响硫化罐的使用，只要大家细心点，按规程操作，就不会出事故。如果在这些细枝末节的问题上纠缠不清，耽误了生产，问题就严重了。”总之一句话，这是车间已经决定了的事，这个罐接也得接，不接也得接。

面对车间主任的压力，有的员工胆怯了，对老王说："要不算了，主任让接，咱就接吧。"老王不死心，在开班务会时将工会小组长、劳动保护检查员找到一起讨论，结果大家一致认为安全与生产不能偏废，生产任务越紧，越要重视安全。统一认识后，老王马上找到厂工会劳动保护监督检查委员会反映情况，请求工会帮助。工会劳动保护监督检查委员会成员到现场调查后，立即向硫化班的上级部门发出"新装硫化罐缺少安全保护装置，无法保障员工生命安全，不宜投入使用"的通告。委员会指出缺少安全保护装置的设备投入生产，就是侵犯员工的合法权益，要求有关部门立即纠正错误指令。同时，委员会建议相关部门尽快解决硫化罐气门联锁安全装置安装的问题，让硫化罐尽早投入使用。

在此情景下，老王立即主动找车间主任汇报了班务会的情况，并告知全体班组成员已经通过了班务会决定，都同意主动加班把耽误的时间抢回来，保证完成生产任务。车间及时研究工会提出的意见和建议后，做出明确答复：收回要求硫化班验收、投产的指令，立即着手解决气门联锁安全装置安装的问题，待解决后再将硫化罐投入使用，并对硫化班的同志拒绝验收使用硫化罐而保证安全生产的行为提出表扬。老王和硫化班全体成员悬着的心终于放了下来，与车间主任的激烈冲突得到了圆满解决。

点 评

老王与车间主任的冲突始终在"接纳—坚持"的第一象限，体现了协作解决冲突的策略。

（1）理性识别冲突的性质

班组故事中，老王与车间主任的区别在于在规定情景下，车间主任注重生产，老王注重安全，而双方共同的价值认知与目的却是一致的，即安全生产和生产安全。因此，班组长要充分认识到双方价值认知与目的的一致性，这是保证冲突能控制在第一象限内的基础与前提。由于老王具有清醒的认识，才敢冒着得罪车间主任的风险拒绝了车间主任的意见，坚持自己的主张。

（2）面对冲突可以寻求外部力量支持

班组故事中，车间主任的职责是保障生产及生产任务的完成，如果老王要求主任解决气门联锁安全装置的安装问题后再进行生产，显然与车间主任的责任、目标、认知、情感存在差异，会导致人际关系恶化。因为老王认识到与车间主任冲突的焦点是安全与生产的关系问题，所以直接与车间主任起正面冲突不仅不能满足当事双方的需要，还会得罪车间主任。老王在不损害与车间主任之间的关系的前提下，通过寻求外部力量支持自己，将与车间主任的冲突性质控制在“接纳—坚持”的第一象限内，体现了协作解决冲突的策略，充分展示了他的智慧与机敏。

（3）不仅解决问题，还改善情绪体验，形成双赢局面

班组长解决冲突的基本策略是改变事物或者改善班组成员对事物的情绪体验。老王通过外部力量的支持，改变了事物，但他立即主动找车间主任汇报了班务会的情况，并表示会主动加班把耽误的时间抢回来，保证完成生产任务，充分展现了第一象限“接纳—坚持”协作解决冲突的理想策略模式。老王将与车间主任冲突的焦点始终放在问题上，并顾及车间主任的立场和观点，探讨出解决车间主任关心的问题的办法，从而获得双赢局面。

四、培养良性冲突

良性冲突体现了一种相互作用的观点，对于组织来说，是有价值的冲突。当然，良性冲突也有一定的标准，即主要以事为焦点，并以不伤害成员间的感情为限度。良性冲突能激发班组组织的活力与创造力，有利于班组组织的健康发展和目标实现。因此，班组长应该鼓励并培养良性冲突。

当然，班组长首先要能够识别冲突的性质，这是培养良性冲突的关键点；

其次是要扮演批评家的角色，通过提出不同的观点从而激发冲突；最后是把冲突维持在健康水平。对班组长真正的考验与挑战是在解决冲突的过程中，当听到不入耳的指责时，班组长需要保持理智，等到内心的愤怒逐渐平息后，再把对方的思绪引导到问题上来，与之共同理性地思考如何解决问题。

总之，良性冲突不是将员工简单地放在对立面，而是基于班组工作、问题及解决方案的脑力大激荡，是孜孜不倦地追求卓越的班组工作质量的意识表现，是不断激发班组成员的创新精神和危机意识，从而保持班组组织健康有活力的过程。

班组故事

培养良性冲突让 25 万吨小麦顺利入库

中央储备粮某库接到指令，要求在规定的时间内完成 25 万吨小麦收购入库工作。这对于保管二班班长大李来说，真是一项严峻的考验，因为在此之前，不论是他本人还是班组成员，只有一次性接收万吨左右粮食的经验，而且从来没有严格规定过入库时间。为此，班组炸开了锅。

任务得完成。基于此，大李组织召集全体班组成员参加班务会，讨论如何完成任务。谁知会开到一半，就出现了对火车如何接卸粮食、拖车如何运输粮食、小麦如何入仓三个环节的巨大分歧。尤其是小陈与老赵冲突不断。小陈认为关键在于火车接卸环节，老赵则不以为然，认为关键在于拖车运输环节，还有人认为关键在于小麦入仓环节。

平时接收粮食时，入仓时间没有限制。而这一次却要求在规定时间内，必须将 100 多趟火车专列运输的小麦接卸入库，也就是平均两天就要完成一个专列即 50 节车皮、3000 吨小麦的入库量。需要多少人、多少机械设备？如何组织？原先凭感觉、靠经验管理粮库的大李和班组成员当下全没有了思路。在此情景下，大李有意在会上挑起小陈与老赵的冲突，鼓励他们争论，让大家努力找思路。

会后，大李私下找到小陈和老赵，故意挑动他俩的情绪。他说道："你们俩争吵完也没有结果，太遗憾了。如果是我，就会去现场观察测量，用事实和数据说话，证明自己是对的，而对方是错的。"

大李这一招还挺灵，小陈和老赵真的到作业现场为自己的意见寻找依据。到作业现场后，小陈和老赵通过对运粮列车停靠站台后火车接卸、拖车运输、粮食入库三个环节仔细观察、分析，发现这三个环节虽然前后衔接，却是相互制约的，当任何一个环节的工作量与其他环节的工作量不匹配时，都会出现压车或者断档现象。他们还发现粮食入仓是制约整个接卸工作的关键环节，在满足最大粮食入仓流量后，剩余的人力和物力才可以被分配到火车接卸和拖车运输两个环节。也就是说，小麦入仓流量决定了 25 万吨小麦能否在规定时间内入仓，同时也决定了火车接卸和拖车运输两个环节的流量，使之匹配形成系统效率。

大李培养小陈和老赵良性冲突还有一个收获，即通过小陈和老赵对粮食入仓作业环节的进一步观察分析，发现需要改善的是对粮食输送机流量的控制。接着，小陈和老赵共同制定出粮食流量与输送机载荷相匹配的最佳系数，使输送机达到最佳工作效率，初步测算可以提高工效 10 倍以上。基于此，全库在规定时间内圆满完成了 25 万吨小麦入仓的任务，班组成员受到上级表扬。

点 评

围绕着事而不是人的冲突是良性冲突的基础。

（1）始终围绕着事来制造班组成员间的良性冲突

良性冲突主要是以事为焦点，并以不伤害班组成员间的感情为限度。大李在班务会上有意挑动小陈与老赵发生冲突，是为了解决 25 万吨小麦按时入库的问题。"说事不说人"是良性冲突的本质特征，也是良性冲突得以持续的基础，所以要学习班组长大李在班务会上始终围绕“事”展开的班组成员间的良性冲突，让班组成员通过观点的冲突找到25万吨小麦按时入库的解决办法。

（2）让冲突双方携手解决问题

如果良性冲突没有产生令人满意的结果，这样的良性冲突是没有真正价值的。因此，在良性冲突没有产生令人满意的结果的情况下，班组长要组织或者动员冲突双方去寻找事实与依据，以找到真正的解决办法。即使最后问题没有得到解决，证实或者证伪都是一种进步，关键在“证”，即寻找事实与依据本身，因为这本身就是良性冲突的组成部分。在班组故事中，小陈和老赵通过现场观察，发现粮食入仓是制约整个接卸工作的关键环节，通过进一步观察分析，发现需要改善的是对粮食输送机的流量控制，最后共同制定出粮食流量与输送机载荷相匹配的最佳系数，使输送机达到了最佳工作效率，携手找到了解决问题的方法。

本章思考题

1. 什么是识别冲突性质？试讨论为什么围绕着人发生的冲突一般不利于班组组织健康。

2. 什么是探寻冲突根源？试讨论四个方面的冲突根源，即个体差异、角色矛盾、情境压力和沟通障碍在现实中的事例。

3. 什么是解决冲突的策略？试讨论为什么“接纳—坚持”体现协作解决冲突的策略是最理想的解决冲突的模式。

4. 什么是培养良性冲突？试讨论为什么良性冲突有利于班组组织的健康发展和目标实现。

5. 试讨论为什么人感知到冲突，冲突就存在；人感知不到冲突，冲突就不存在。

第9章

有效沟通

学习目标

能基本理解有效沟通中强化沟通意识、坚持信息真实、坚持有效沟通原则和有效沟通策略的内容。

能强化沟通意识，让员工理解自己传递的信息，自己也要正确理解员工传递的信息。

能坚持信息真实，复述员工传递的信息并询问自己理解的是否正确，有意识地降低信息失真风险。

能坚持有效沟通原则，说事不说人，使用描述性的语言，口头语言与形体语言一致，能够有效倾听。

能采用有效沟通策略引导员工说事，揭示问题产生的原因，从而找到解决问题的办法。

每个人都会沟通，因为这是人类生存的必要条件。但是如果有人问：“你会有效沟通吗？在单位，你能否与领导和同事有效沟通？在家里，你能否与家人和孩子有效沟通？”相信很多人就会语塞。沟通是一门学问，上自国家层面、下到个人层面都需要学习沟通。

沟通是人或者组织之间的一种交流方式，通过交流使信息对称。沟通存在着有效沟通或者无效沟通的可能性。研究资料显示，在交流过程中出现的许多问题，都是不善于沟通导致的。因此，有效沟通是沟通的本质意义。

有效沟通是指在信息对称的同时，创造双方积极的互动关系。也就是说，有效沟通能够帮助班组长准确地传达信息，更重要的是能有效维护沟通双方的关系，甚至改善并创造积极的人际关系。班组长角色的性质与特点决定了有效沟通对于班组长能否成功履职至关重要，因为班组长与班组成员之间的互动是通过沟通来实现的，而班组长与班组成员互动的质量决定了班组的组织素质，而班组的组织素质又决定了企业的组织素质，最终决定了企业的生存能力与竞争能力。

然而，无效沟通是班组长在履职过程中普遍存在的现象，严重影响班组长履职行为的有效性。遗憾的是，许多班组长并没有意识到他们在沟通中存在障碍，也没有意识到有效沟通的重要性与必要性，更没有提高有效沟通能力的强烈愿望。因此，我们要讨论如何强化班组长的沟通意识，并在此基础上进行有效沟通，主要内容包括强化沟通意识、坚持信息真实、坚持有效沟通原则、采用有效沟通策略。

一、强化沟通意识

正因为沟通具有普遍性，人们才很容易忘记它的重要性。也就是说，大多数班组长对沟通重要性的认知还不够，很少有班组长会检讨自己的沟通效果。所以，必须强化班组长的沟通意识。

首先，班组长要明白，沟通是最经济也是最有价值的履职行为。要想解决问题，就必须及早发现问题，而最先发现问题的当事人往往就是班组成员。只要班组成员与班组长及时沟通，就能将问题化解在萌芽状态中或者防患于未然。因此，班组长要具有敏锐的洞察力，尽早识别沟通需求。班组长还要意识到，如果班组成员不积极主动与自己沟通，就说明在班组中潜伏着管理危机。因此，当班组或者班组成员突然出现异常情况的时候，班组长需要去积极沟通。有的员工会主动与班组长沟通，有的员工则需要班组长主动沟通。这个时候沟通的成本最低，效果也是最好的。

其次，班组长还要明白，沟通不仅是信息的传递与交流，更重要的是让信息对称，也就是使信息接收者所感知到的内容与发送者想表达的内容相同。因此，班组长在沟通时最重要的是让员工理解自己传递的信息，同时自己也要正确理解员工传递的信息。然而在现实中，许多班组长都认为沟通障碍不是自己造成的，更不会自我检讨，而将其归咎于员工不理解。

最后，沟通是班组组织健康发展的有效途径。班组不仅承载着员工的工作，也承载着员工的情感。班组长需要通过班组群体内的沟通，使员工能表达自己的诉求与感受，释放情绪与情感。误解与谣言相伴群体组织而存在，只有通过沟通化解，才能实现和谐的人际关系。

班组故事

强化沟通意识，理性面对冲突

淮南田家庵发电厂设备维修班一直以来都是明星班组，历任班组长都取得了不俗的成绩，现任班组长为尚进发。上任伊始，尚进发踌躇满志，一心想要做好班组建设和管理，不给班组荣誉抹黑。为此，他每天雷打不动地组织召开班前会、班后会，对班组学习管得比以往任何时候都紧，但效果并不理想。

某天，上班时间已经过了近一个小时，材料管理员小陈却迟迟不到，大家都非常焦急，尚进发更是气愤异常。班组的多张领料单需要她去办理，否则下午的好几项工作都会受到影响。尚进发给她家打了电话，没人接；打她的手机，也不通。

过了一会儿，一脸疲惫、神情不安的小陈终于来了。她跟尚进发一个劲儿地解释："班长，我来晚了，孩子昨晚发高烧。"

"怎么也不打个电话说一声？都像你这样，班里工作还怎么开展？"尚进发忍不住埋怨道。

"我只顾着送孩子去医院，没来得及打电话，手机也忘了带……"说到这里，小陈哽咽了，转身整理好领料单，匆匆忙忙领料去了。

小陈走后，尚进发才猛然想起小陈是自己一个人带孩子，她爱人被厂里派往外地检修，而父母又都不在本地，孩子生病她确实难以招架。尚进发心里不由得有些后悔自己刚才说的话，决定问问她。

小陈领料回来后，尚进发一边帮着搬运材料，一边关切地询问："孩子怎么样了？你爱人不在家，你又上班，孩子谁照顾呢？"

"我托一位护士大姐照看，下班后我去医院接孩子。"小陈回答。

尚进发意识到平时与小陈沟通不够，深感自责，下班后赶到小陈家看望孩子，并与小陈商讨如何两者兼顾。

受到这件事的启发，尚进发明白了，不论班组发生什么事，都要坚持并强化沟通意识，不要贸然发声、随便指责。从此以后，尚进发不仅对小陈照顾有加，还经常与外出检修的班组员工家属保持沟通联系，依靠班组组织为他们排忧解难。在大修期间，一旦需要加班，他首先与大家沟通，询问家里的情况。尚进发坚持并强化沟通意识，让每一名员工心里都感到非常温暖，无形之中提高了组织的效率。

有一天，工作一贯认真负责的老员工王勇与尚进发发生了激烈的争吵。原来，这个月的一天下午，正准备下班的王勇得知检修工作受阻，为了及时排除故障，顾不得戴安全帽就跑到检修作业现场工作了起来，结果被当班安全员逮了个正着，并按规章制度罚扣了他当月奖金 50 元。看到工资表后，王勇火冒三丈，找到尚进发要求退还被扣的奖金。最后，王勇竟然十分冲动地从尚进发的上衣口袋里掏出钱包，硬是拿走了 50 元钱，并愤愤不平地嚷道："我为了生产牺牲个人的休息时间为班里排忧解难，不但无功，反而被扣奖金，钱虽然不多，但我咽不下这口气，非拿回来不可……”他一边说，一边气鼓鼓地走了。

尚进发呆若木鸡地站在原地，目送王勇远去，沮丧之余平复了一下自己激动的情绪，追上去与他沟通。尚进发首先检讨自己没有与安全员沟通，导致了罚款事件的发生，同时又肯定了安全员的做法是照章办事、职责所在，大家都需要理解。接着尚进发对王勇说：“我也能理解你的心情，不但做好事没落到好，还遭到罚款，搁谁心里也别扭。”由于王勇是在主动加班过程中发生了安全事件，尚进发的处理方法是罚款是罚款、奖励是奖励，从班组基金中拿出50元来奖励王勇。全班组皆大欢喜，人际关系更融洽了。通过这件事，尚进发意识到加强沟通的重要性。

点　评

班组长尚进发强化与员工的沟通意识，是实现与员工有效沟通的前提。

（1）强化沟通意识，了解异常原因

沟通是群体组织存在的基础，不良沟通是群体组织内存在有害冲突最主要的原因。由于事情重要，人物又关键，对于材料管理员小陈迟到的异常情况，大多数班组长一般都会从感性出发训斥当事人，很难进行理性思考与情绪控制。然而，尚进发面对小陈迟到的异常情况，却能理性对待，强化沟通意识，探寻小陈行为异常的原因，值得班组长学习。

（2）强化沟通意识，理性面对冲突

在遭到员工攻击时仍能强化沟通意识、理性面对冲突，对于多数班组长来说是很难做到的。但是，班组故事中的尚进发做到了，这是值得班组长学习和借鉴的。班组长要相信，当自己理性面对班组成员时，班组成员在正常情况下也会以良性的情感反应来面对自己。

（3）将强化沟通意识转化为行为习惯

班组长需要对自己是否具有良好的沟通意识进行客观评价。例如，你真的相信沟通在班组工作中的重要性吗？你在班组工作中经常寻求沟通机会吗？你能耐心倾听班组成员的倾诉吗？你能先复述员工的话语，再表达自己的看法吗？总之，班组长在履职过程中要将强化沟通意识培养成自己工作的行为习惯。

二、坚持信息真实

信息真实是有效沟通的基础。信息真实是指发送者传递的信息与事实真相相符，接收者能够正确理解发送者传递的信息。然而，在现实中没有如此完美的沟通。所以，班组长在履职过程中要有坚持信息真实的沟通意识。

首先，班组长要意识到，从信息发送者的角度上看，人们习惯性地相信在沟通过程中自己传递的信息是真实的，而对对方传递的信息则是选择性地接收。这是由于发送者在信息产生与接收的过程中存在着一个过滤信息的环节。过滤信息会带来三个方面的影响：一是可能过滤了虚假信息；二是可能过滤了真实信息；三是有意操纵信息，即过滤不利的信息。因此，班组长要明白，在沟通的过程中，信息会存在无意失真或者有意失真的状况。

其次，从信息接收者的角度上看，理解上的差异会导致信息失真。沟通就是发送者通过媒介物传递信息编码、接收者将接收到的信息编码转译解码的过程。解码会受到接收者的生活、文化背景或者情境、形势现实的影响，在一定程度上会对发送者传递的信息存在理解上的差异。

最后，从双方的角度上看，沟通过程中的情绪也会造成信息失真，因为如果沟通变成了相互争执与相互冒犯，必然会导致双方都对信息产生错误的理解。

总之，班组长在履职过程中要有坚持信息真实的沟通意识，主动在沟通的过程中增加一个环节，即复述员工传递的信息并询问是否应该这样理解，有意识地降低信息失真的风险。

班组故事

采取“剥洋葱”方式获得真实信息

某电子信息公司开发了一个新项目，并为此建立了一条生产线，抽调各职能部门人员组成了新的项目团队。客户很快就按合同下了订单。大家雄心勃勃地希望干出好成绩，以回报客户的信任。

由于新项目客户的要求与原有要求不同，产品也存在差异，项目一开始就遇到了一系列问题，在试产的一周内几乎每天都无法完成寄货任务。客户已经连续多天投诉，并表示如果不能尽快寄货，将要求赔偿损失。为了尽快解决寄货问题，项目团队负责人老高主持召开了以“客户抱怨，谁的问题”为主题的生产例会。

“昨天的生产任务没有完成。到目前为止，已经连续一周未达到对客户承诺的寄货数量了。”按照惯例，生产计划员首先发言。大家的目光都转向了生产管理员。生产管理员说：“昨天生产待料一个小时；新增待处理测试废品 200 个；来料发现 5% 的顶针生锈；加载力机又坏了一台……我们没有办法按计划产出。”

工艺员负责制定生产工艺，解决品质问题，一直是被责问的对象，没敢发言。这一次，新产品增加了电测参数，工艺员对此没有经验，对容易识别出缺陷的产品进行了及时处理和报废，但对其他大部分问题一直未能找到解决方案，只能留在生产线上等待处理，导致待处理品积压。两天前，经过技术人员的努力，终于有了一套可行的测试方案，但还需要一批产品来验证，以确认新方案的可靠性。

生产计划员对生产管理员的回答提出了质疑：“昨天物料准备得很充分，实际投入物料套数比产出多了 20%，为什么还会待料？”“你忘了待处理的物料吗？”生产管理员望着工艺员，反问生产计划员。

品质保证员负责产品出货前的质量抽检，一直是生产小组又爱又恨的对象。他对产量并不是很感兴趣，但对质量一丝不苟，掌握着产品能否寄货的生杀大权。他对新产品质量的波动异常不满，愤愤地说：“昨天的成品抽检批退率超过40%，甚至还有组件变形的，操作工的操作真是有问题。”显然，过高的退货率也是无法完成产出任务的一个原因，而生产管理员对此却避而不谈。在旁边一言未发的负责返修员也忍不住说道：“能否从其他部门抽调一些人过来？而且，我们的待返修货架已经满了。”

会议整整开了一个小时，每个人都提出了问题，却没有人能提出解决方案。

项目团队负责人老高问道：“在满足客户的需求量方面，我们有没有机会补救？”旁边负责市场的人回答道：“据我所知，客户内部也出了一些问题，要货速度放慢了，马上就要更改计划了。”生产计划员根据负责市场人员提供的数字重新算了一下，按照预测的需求数量，如果每天能够补回500件的产出，下周就可以完全满足客户的需求。“我们怎样才能每天增加500件的产出？我们每个人可以做些什么呢？”老高继续问道。生产管理员回答道：“目前产品的一次合格率远低于老产品。我们必须生产更多的产品才能满足出货的需求，因此必须增加人手。现在我们能做的就是把每天2个半小时的加班延长到3个小时。另外，我们没有足够的人手进行目检。”

老高把目光转向了一旁一直没有说话的工艺员。工艺员说道：“今天我们能否做一个试验？因为生产线产能不够，不同意配合，试验拖了好几天了。如果可以完成试验，我们就有把握解决测试参数的待处理问题，这样生产一次合格率可以提升5%。”“很好，那今天先安排这个样品生产。”老高回应道。这一次，生产管理员来不及拒绝工艺员的要求，只能不情愿地被动接受。

“培训目检员工很难，从外部抽调是来不及了，能否内部解决？”老高继续把目光转向品质保证员和负责返修员。品质保证员沉默了一会儿回答道："我们可以抽调两个人帮忙做目检，我们的人员是按照下个月的产能配备的，现在可以腾出人手。"

会议最后决定继续加班生产。每个人都带着问题到会议上来，虽然会上并没有完全解决问题，但大家都达成了共识，满足客户的需求是第一要务。在接下来的一个月里，大家把精力都集中在满足客户数量和质量的需求上。经过生产人员和工艺人员的共同努力，产品合格率提高了6%；由于人力的调整和配合，产能提高了20%；品质保证员协助生产工作，培训目检员工，监督现场操作手势；随着产品合格率的提高，废品持续减少，返修线在制品积压的问题也得到了解决。几个月后，公司的产品已经能很稳定地满足客户的要求了。

点　评

坚持信息真实是为了信息对称，而信息对称是有效沟通的前提。

（1）始终有坚持信息真实的沟通意识

坚持信息真实是为了能使沟通双方信息对称。信息对称的概念起源于经济学，即要在市场条件下实现公平交易，交易双方掌握的信息必须对称，而我们是从有效沟通的角度来理解信息对称。现实中，许多班组长不具备坚持信息真实的沟通意识，很容易偏听、偏信，形成偏见，而自己又完全没有意识到这个问题，致使沟通双方信息完全不对称，不能相互理解，甚至损害人际关系。项目负责人老高召开以"客户抱怨，谁的问题"为主题的生产例会，就是要让相关人员共同掌握相关信息，在坚持信息真实的前提下使信息对称，从而达到有效沟通、解决问题的目的。

（2）始终聚焦事而不针对人来展开讨论

在现实中，许多班组长对班组中的问题或者事项进行讨论时，将事丢在了一旁，犯了聚焦于人的错误，使得沟通变成了相互争执与相互冒犯，最后必然导致双方都对信息理解错误，从而使信息完全失真，沟通也无法进行。项目负责人老高有坚持信息真实的沟通意识，在例会上始终聚焦于事，人的问题也是通过聚焦于事反映出来的，让当事人通过事实改变自己。例如，在生产例会之前，生产管理员从自身生产任务进度角度考虑，不安排工艺员提出的试验。然而，通过例会聚焦于事的追究，“这一次，生产管理员来不及拒绝工艺员的要求，只能不情愿地被动接受”，就是典型体现。

（3）采取“剥洋葱”方式来保持信息的真实性

当事人站在各自的立场发布的信息都带有主观性，甚至当事人为了维护自己的立场会扭曲信息，所以班组长在实际工作中坚持信息的客观、真实具有一定的难度。可以通过“剥洋葱”方式来保持信息的真实性。任何事物或者现象都存在着因果关系，即任何事物或者现象的发生必然有其原因，存在因果关系链。前因后果，而“果”又是后来事物或者现象的“因”。因此，根据因果关系链，通过“剥洋葱”方式能找到事物或者问题最后的“因”，从而保证信息的真实，达到有效沟通的目的。

三、坚持有效沟通原则

对于班组长而言，有效沟通不仅在于自己传递的信息被员工正确地理解或者自己正确地理解了员工传递的信息，更重要的是在正确理解信息的前提下，创造积极的人际互动关系与行为。所以，班组长在履职的过程中，必须掌握有效沟通的原则，以提高履职能力。

一是说事不说人。沟通的目的在于解决问题，所以班组长应该牢牢把握说事不说人这项基本原则。说事时，因为事前制定的标准和规则可以作为沟通的参照依据，所以容易达成一致；说人时，员工必然会为自己辩解，产生心理上的紧张，而且由于沟通时缺乏参照依据，很难达成一致，最后变成是非之争，将问题搁置在一旁，造成消极的人际关系。

二是多用描述性语言，慎用评价性语言。要根据参照依据和标准，客观地描述发生的事件、环境或者行为以及自己的反应和感受，关注解决问题的方法和需要改进的地方。班组长根据参照依据和标准，客观地描述员工的行为，而不是评价员工的行为，员工就不会感觉受到攻击并进行心理防御。这里的关键点在于，描述性语言是与事物及标准相联系的，所述事实具体客观；评价性语言是与人物观点及判断相联系的，所述事实笼统且不客观。

三是口头语言与形体语言一致。在沟通过程中，员工往往是通过形体语言来感受班组长的思想与情感的，而这种感觉是员工接受班组长口头语言的基础。“口是心非”是无法建立起信任与尊重的沟通关系的，反而会导致员工忽略沟通的内容，去琢磨“口是心非”背后隐藏的信息，从而失去了沟通的有效性。因此，班组长在沟通过程中，要注意口头语言与形体语言的一致，这样才能让员工感受到真诚、尊重与责任。

四是有效倾听，而非单向进行信息传递。这也是进行有效沟通的重要原则之一，然而很多班组长忽视了这一原则。这是由于班组长面对员工时是居高临下的，会形成习惯性的心理优势与定式，很容易先入为主地发表自己的看法或者打断员工的发言。遵循这条原则，班组长要产生与员工平等沟通的心理情感，然后耐心地倾听员工的发言并询问，通过个人修养与人格魅力影响员工，让他们产生良好的情感反应，可以毫无顾虑地传递出真实的信息或者感受。

总之，有效沟通是建立在真诚的基础上的。班组长只有以真诚为基础，运用有效沟通原则，才能产生积极的沟通效果。

班组故事

班组长老赵与员工有效沟通二三事

事件一：上午9点，在车间办公室，铣工一组新产品加工工艺流程汇报会马上开始，车间主任、技术负责人以及全体班组成员悉数到会，唯独缺少汇报人小罗。

半个小时过去了，小罗还未到场，电话也打不通。班组长老赵焦急地看了看手表，脸色越来越难看。9点35分，正当车间主任准备起身离开的时候，小罗终于出现了。他来不及解释，慌乱中打开笔记本电脑接通投影仪开始汇报。显然，小罗准备的汇报材料不够充分，有几处明显的技术术语错误，这让老赵颇为难堪。汇报会结束后，车间主任找老赵谈话，指出了小罗汇报中的问题。

晚上回到家，老赵被这件事折磨得连饭也没顾上吃就躺到了床上，可翻来覆去怎么也睡不着。小罗是班组中唯一的大学生，大家都对他寄予厚望。可是小罗今天汇报的时候不在状态，原因到底出在哪里？

“昨天的汇报会为什么迟到了？”第二天，老赵没有指责，只是询问原因。

小罗沮丧地说：“对不起，班长。我加班到凌晨3点，没想到睡过头了。”

“哦。即便这样，汇报质量也不应该这么差呀。”老赵继续问道。

小罗充满歉意地说：“我准备得不充分。”

“为什么？”老赵惊讶地问道，“给了你这么长时间准备，临上阵还加班到凌晨3点。”

“正因为准备不充分，所以才加班到凌晨3点。”小罗不好意思地回答老赵的问话。

“那又是为什么呢？”老赵继续问。

“家里出了点儿事，没仔细与技术员沟通就赶着完成汇报。”小罗细声回答道。

小罗家在农村，家里供养他读完大学本就不易。刚参加工作两年，父亲突然生病，他只能独自承担医院的护理工作，而他又不愿意麻烦班组，所以大家都不知情。

知道了事情原委，老赵反而聚焦到人上了，埋怨小罗不应该隐瞒自己的困境，要求小罗重新修改汇报内容，并安排班组成员帮助小罗减轻护理父亲的负担。

事件二：老赵注意到副班长小张这几天情绪反常，工作心不在焉，午餐时间还偷偷喝酒。老赵私下提醒他要注意影响，可平时一向听话的小张却一反常态，不仅不听劝告，还跟老赵顶嘴。

一个休息日的上午，老赵带着妻子到小张家去串门。他之所以选择这个时间，还带着妻子，是为了创造一个良好的谈话气氛。

老赵来到小张家时，却发现小张正独自一人呼呼大睡，平时非常整洁的家显得凌乱不堪。通过交谈，老赵了解到，原来小张的妻子嫌他在国有企业工作挣钱少，认为凭着他的技术肯定能在南方的外资企业找到挣钱多的工作。小张的妻子好不容易通过同学关系找到了一个合适的外资企业，为此反复动员小张离开单位去南方工作。可是小张认为自己在这里干得不错，与同事们的关系也融洽，虽然工资不算很高，但能够保障基本生活，再说双方的父母年龄都大了，需要照顾，所以不愿意再折腾去南方。小张的妻子则认为他胸无大志，一气之下抛下小张回了娘家。

老赵和妻子带着小张一起来到小张妻子的娘家。大家一起与小张妻子交流了想法。通过沟通，小张妻子理解了小张，并和小张一起回到了家，夫妻两人和好如初。老赵和小张的工作关系也向前进了一大步。

事件三：考勤员小王这几天上班经常迟到，特别是今天迟到了将近 1 个小时，这对她来说是从来没有过的事情。老赵知道后把小王叫到班组活动室，关心地问道："遇到了什么困难？可以跟我谈谈吗？"小王心神不安地对老赵说："非常抱歉，我遇到了一些困难，我不知该怎么办。"老赵鼓励地点点头，小王继续说："我与丈夫已经吵架几个月了，前几天他离开了我，现在我每天需要送孩子上幼儿园。"老赵说："对你迟到原因我很理解，咱们需要解决这个问题。你要相信我会尽力帮助你的，有什么解决办法吗？"小王说需要调整上班时间，以便早上能把孩子送入幼儿园。老赵帮助她调整了班次以及上班时间，然后补充说："你的事就是我们大家的事，我相信你一定能处理好你们夫妻之间的关系，并做好自己的工作。"一个星期后，小王夫妇抱着孩子登门拜访老赵，工作又如从前一样进行了。

点　评

真诚是运用有效沟通原则的基础。

（1）始终坚持说事不说人的有效沟通原则

当处理班组成员的异常情况时，班组长要设身处地地思考，如果自己遇到同样的情况会如何处理？因此，老赵针对小罗出现的异常情况，仍然坚持说事不说人的有效沟通原则。当然，这里有一个前提，就是小罗平时在班组的表现令大家称道，所以才会引起老赵对小罗"今天汇报的时候不在状态，原因到底出在哪里"的思考，用说事不说人的有效沟通原则与其进行沟通。问题是，如果小罗平时的表现不理想，班组长是不是也应该坚持说事不说人的有效沟通原则呢？当然是，因为以理服人是人际交往中普遍遵循的处事原则，即使平时表现不佳的员工，在理面前也会无话可辩，哪怕心里再不情愿，也会遵从。因此，说事就是说理，在说完事（理）的基础上再用带有真诚情感的话语说人，会带来更好的沟通效果。

（2）坚持用描述性语言而慎用评价性语言

只要班组长在与员工的沟通过程中养成了说事不说人的习惯，自然就会在与员工的沟通过程中经常运用描述性语言而慎用评价性语言。老赵几乎没有对小罗、小张和小王使用过评价性语言。评价性语言就是对人或者事作出价值判断的语言。既然是对人或者对事作出价值判断，就必然会存在正面价值判断或负面价值判断。慎用评价性语言是指在说事（理）的基础上作出正面价值判断或者负面价值判断时，把焦点放在事上，慎放在人上。即便将评价性语言的焦点放在人上，也要多用激励性的评价语言，杜绝伤害性的评价语言。

（3）有效倾听诉求而非单向信息传递

有效倾听员工的诉求并具有耐心，不仅是班组长与员工有效沟通的前提，还体现了班组长的人格修养与职业素养。在班组实践活动中，班组长在潜意识里会居高临下地与员工沟通，而有效倾听的前提是平等对待员工。老赵不仅有效倾听考勤员小王的难处，还主动说要帮她一起解决问题，这是一般班组长难以做到的。老赵所说的“我相信你一定能处理好你们夫妻之间的关系，并做好自己的工作”属于激励性的评价语言，也值得班组长学习和借鉴。

四、采用有效沟通策略

在遵循有效沟通原则的基础上，班组长运用有效沟通策略才有价值。沟通在形式上包括正式沟通与非正式沟通。正式沟通类似于指导和教育，优点是能集中注意力解决问题，缺点是难以推心置腹；非正式沟通可以是自由交谈，优点是有利于问题的深入与人际关系的发展，缺点是沟通效率低。

班组长要明白，有效沟通的基本原则是说事不说人，但有的员工习惯于说人不说事。针对此情况，班组长首先要把员工的习惯引导到说事不说人上来。当遭受员工无端指责时，一定要转移愤怒情绪，冷静后再沟通。当沟通陷入僵局时，可以转移话题，缓解气氛。当沟通出现较大分歧时，可以先解决达成共识的部分，即先易后难。

在沟通过程中，班组长要使用眼神交流，展现真诚与鼓励的目光。如果同意对方的观点，要赞许性地点头；如果不同意对方的观点，用自己的话重述对方所说的内容并表示自己的看法，以示在充分聆听和思考。总之，班组长要激发员工讲真话的欲望，将谈话引向揭示问题产生的原因的方向上，从而寻找到解决问题的办法。要注意，沟通不仅是信息交流的过程，也是情感交流的过程。因此，班组长在与员工沟通的过程中，首先应该具有真诚、关怀、细腻的情感，在此基础上的沟通策略与技巧才有价值。没有真诚，任何有效沟通的原则和策略都是无效的，因为员工会对班组长缺乏信任。

班组故事

运用沟通策略改变“老大难”班组

淮南某发电厂有一个“老大难”班组，它不属于生产一线班组，大多数员工又都是企业里的老员工，平时领导很少过问，班长又是出了名的“老好人”，导致班组管理非常松散。一开始，班里还有几名员工认真工作，可当他们看到这些老员工的表现，而且发现在班组里表现好与不好没区别时，渐渐地也就随波逐流了。

为了改变“老大难”班组的管理现状，车间领导经过多次研究，决定从生产一线抽调有着丰富管理经验、敢想敢管的小陈担任班组长。

小陈上任后的前几天，员工们还是很给他“面子”，都能遵守劳动纪律，还主动完成各自工作。可是还不到一周时间，大家就又恢复了老样子。当几名不甘落后、对小陈抱有很大希望的员工看到小陈对班组的“老样子”视而不见，每天还热衷于和大家聊天时，感到非常失望。

这一天，经常旷工的老王没来上班，也没有请假。上班时小陈不闻不问，下班后却召集了几名老员工来到老王家探视。老王看到突然到访的小陈和几位老友，显得有些手足无措。小陈进门就对老王说：“你今天没来上班，我们不知道你家里出了什么事，所以来看看有没有能帮上忙的地方。”

老王迟疑了一下，心虚道：“没什么事，就是身体有点儿不舒服。”看到老王家里真的没有什么事，大家待了一会儿就告辞了。临出门时小陈嘱咐老王：“身体不舒服，多休息几天，你的工作班里同事会帮你完成的。”老王赶紧说：“没事，没事，我明天就能上班。”

第二天，老王第一个来到班组，在大家到来之前就将班前的准备工作完成了。小陈对老王的表现很欣慰，在班前会上进行了表扬。下班后，小陈和老王进行了一次深谈。小陈问老王："你家里又没什么大事，你经常不来上班，事先还不请假，这是为什么呢？"老王不好意思地说："这么多年，习惯了。"小陈接着问道："咱们班这个落后的状态，你满意吗？"老王激动地回答道："当然不满意！"小陈接着说："相信大家都不满意。你今天的表现说明大家都是能遵守纪律的，只要齐心做好班组工作，相信我们一定能丢掉落后的帽子。""没问题，只要你说的，我肯定能做到。"已经对小陈产生好感的老王当即表态。

新班长小陈通过与大家"聊天"，发现班组老员工并不缺乏遵守规章制度的意识，对班组落后的状态也很不满意。平时工作积极性不高，主要是因为班组缺乏一名主心骨带领大家往前奔。

点　评

班组长小陈运用有效沟通策略，使员工关系融洽，促使大家信任他，从而实现了有效沟通。

（1）运用非正式沟通方式实现有效沟通

非正式沟通是指在组织正式的信息渠道之外进行的信息交流，也就是说，凡是在组织正式的信息渠道之外的沟通，都被称为非正式沟通。无疑，下班后小陈召集几名老员工到老王家探视就属于非正式沟通。正式沟通是以组织为基础的沟通，即组织沟通；非正式沟通是以人为基础的沟通，即人际沟通。小陈运用非正式沟通方式给予班组长的启示是：当运用正式沟通难以达到效果的时候，非正式沟通就会起到十分关键的作用。设想，如果小陈针对老王无故旷工给予正式沟通的方式，即处分，虽然维护了规章制度，但是不仅达不到有效沟通的效果，还可能损害人际关系。非正式沟通能真实地反映员工的思想、态度和动机，具有建立良好人际关系的可能性，还能对班组决策起到重要作用。

（2）运用正式沟通方式实现有效沟通

小陈对老王运用正式沟通方式给予班组长的启示是：当通过非正式沟通已经达到人际关系和谐效果的时候，正式沟通对班组组织健康发展会发挥关键作用。小陈对老王运用正式沟通方式就达到了如此效果。“下班后，小陈和老王进行了一次深谈”就是班组长与班组成员之间的正式沟通，达到了有效的沟通效果。建议班组长在班组内合理交替运用非正式沟通与正式沟通两种形式。如果要解决班组中的人际关系问题或者重大事项，建议在正式沟通之前先运用非正式沟通的方式作为铺垫，相信这样的沟通顺序会使正式沟通效果更好。

（3）真诚为他人着想是运用有效沟通策略的必要前提

没有真诚，任何有效沟通的策略都是无效的，因为如果员工不信任，一切策略都没有用。因此，运用有效沟通策略的必要前提是真诚，这是班组长要牢牢记住的铁律。班组长体现自己的真诚很简单，就是在沟通的过程中站在员工的立场上考虑问题。虽然员工提出了自己的诉求，但是沟通能给员工一种班组长是为他着想的情感体验。班组长体现了自己的真诚，员工也体会到了班组长的真诚，在此基础上再运用有效沟通策略就是一种智慧的体现。小陈在老王无故旷工的前提下到老王家探视，就凸显了小陈的真诚与智慧。班组长还要特别注意，真诚是装不出来的，它是人真实情感的自然流露。人的身体语言和眼神是会暴露装出来的“真情实感”的，而对方凭直觉是完全能感觉到的。当员工感觉到班组长的口是心非时，信任会荡然无存。这时沟通策略不仅毫无价值，反而会破坏人际关系。

本章思考题

1. 什么是强化沟通意识？试讨论为什么有效沟通是使班组组织健康发展的有效途径。

2. 什么是坚持信息真实？试讨论如何有意识降低信息失真的风险，防止理解上的差异。

3. 什么是坚持有效沟通原则？试讨论如何做到说事不说人。

4. 什么是有效沟通策略？试讨论正式沟通与非正式沟通两种形式的利弊。

5. 试讨论为什么有效沟通在信息对称的同时，能够创造积极的人际关系与良好的互动行为。

第 10 章

有效激励

学习目标

能分析班组的激励环境，通过员工缺乏工作意愿的表象，寻找影响员工心理契约发生变化的环境因素。

能掌握建构激励环境的程序，形成员工需求产生动机、动机导致行为并产生结果、结果满足需求的周而复始的持续过程。

能掌握建构激励环境的方法，让班组目标与个人需求相统一，搭建员工参与决策的管理平台，建立让员工产生内驱力的自我激励机制。

能建构员工能力提升的环境，关键点是让员工感觉到被授权，从而增强自我效能感，并对工作产生新的价值理解。

沟通作用于人的认知，激励作用于人的行为。中国文化强调“知行合一”，所以在学习有效沟通的基础上，我们再讨论有效激励的问题。

管理学中的激励内容建立在心理科学与行为科学的基础之上。从管理心理学的角度来说，激励就是激发人的动机，使人有一股内在的动力，朝着组织所期望的目标前进的心理活动过程。从组织行为学的角度来说，激励就是激发、引导、保持、归化组织成员的行为，使其努力实现组织目标的过程，而组织成员的努力是以能够满足个体的某些需要为前提条件的。把两个观点结合起来看，激励就是班组长根据组织目标和员工需求，运用某些方式、方法或者手段激发员工的动力，使员工产生内驱力，以实现组织目标和个人需求。有效激励是指班组长以激励理论为基础，以“自我实现人”作为人性假设，在班组内建构有效激励员工的工作环境及氛围。

在班组内建构有效激励员工的工作环境及氛围的逻辑前提是在一般情况下，员工刚参加工作时，都具有努力工作的心理预期与心理契约。以此为起点，在工作一段时间后，不少员工努力工作的心理预期与心理契约却没有正向发展，除了疲劳心理因素影响外，从普遍意义上理解，只能说明是与人工作的环境及氛围有关，即环境及氛围没能正向激发员工长期保持努力工作的心理预期与心理契约。因此，有效激励就是在班组内建构能够有效激励员工劳动的工作环境及氛围。

工作环境及氛围作用于人的两个方面，即能内化人的劳动态度、外化人的劳动能力。据此，绩效模型可以体现为：绩效 = 环境 × 态度 × 能力。根据这个模型及公式可知，人的劳动绩效是环境、态度与能力的乘积，三者缺一不可。

人的劳动能力相对稳定，而劳动态度则容易起伏。因此，构建能够有效激励员工的工作环境，是班组长围绕班组组织目标实现的价值理念。要以对“自我实现人”的人性认知、理解和把握，在班组建构环境激励机制，即对班组成员的劳动与个人需求施加正面影响，强化其心理预期，从而调动其主观能动性，即积极性、主动性和创造性，使班组成员在实现班组组织目标的过程中其个人需求也得以实现与满足。有效激励的主要内容包括分析班组的激励环境、建构激励环境的程序、建构激励环境的方法、建构促进员工能力提升的环境。

一、分析班组的激励环境

分析班组激励环境，班组长首先要确立“自我实现人”的人性假设，即员工从参加工作开始，就有愿意努力工作并承担责任的心理契约，并对自己的未来有着良好的心理预期。班组长始终要明白，使员工的心理契约发生变化的主要因素是由于环境造成的习得性反应。但是，大多数班组长往往只习惯性地看到员工缺乏工作意愿与热情的表象并责怪他们，而没有思考班组环境因素带来的影响。因此，分析班组激励环境，就是通过员工缺乏工作意愿与热情的表象，去寻找影响员工心理契约发生变化的班组环境及因素。

人愿意工作是因为要满足某种需求。需求是起点，满足是终点。需求是人产生工作行为的原动力——需求产生动机，动机导致行为，行为产生结果，结果满足需求，这是一个周而复始的持续性过程。在这个模型结构中，环境与两个节点，即人的动机与人的行为发生直接关系。环境与动机是主要变量关系，决定着人的态度，而态度又决定着人的行为。

动机由需求引起，是促使人采取满足需求行为的内在驱动力。动机又是由需求与诱因共同组成的，其强度和力度既取决于需求的性质，也取决于诱因力量的大小，决定着人的态度。分析班组的激励环境就是分析环境及环境因素对人的动机诱因影响的性质与程度——正相关联引导或者激发，负相关联分离或者冲突，从而导致人积极或者消极的动机与态度。

人主要存在着三种需求，即生存需求、成就需求和亲和需求。在人的生存需求满足无碍的情况下，一般表现出两种需求，即成就需求和亲和需求。青年员工注重成就需求，老年员工注重于亲和需求，中年员工根据个人特点在两者之间选择。需求分精神层面和物质层面。实际上，激励因素主要体现在精神层面。因此，班组长要思考或者分析班组环境是否让员工感觉到公平、公正。只有创造公平、公正的班组环境，才能为在班组建构有效的激励环境及氛围打下成功的基础。

班组故事

以目标激励为导向建构班组激励环境

员工大马由于没有完成班组月度工作目标而受罚，无奈当天下班后便在班组微信群里首发一个苦瓜脸，接着发了一个拼手气的50元大红包。微信群里立马热闹了起来。受到车间奖励的小曾马上跟进，从到手的奖金里拿出100元，又发了个大红包。大家高兴得在微信群里笑脸迭出，抢红包抢得不亦乐乎。

一年前的这个时候，中车集团某电机公司维修班班长老汤却是愁容满面。原来他刚接手这个新组建的班组，其人员构成复杂，一部分是工厂原动电车间实行优化组合后成建制划拨的人员，另一部分是电机公司维修班的原班人马。新组成的班组成员心态各异，业务素质参差不齐，而即将面临的工作既复杂又繁重，除了负责车间设备的全面维修外，还担负着一部分进口关键设备的验收、安装和调试任务。面对班组如此的人员状况，对于如何打开工作局面，老汤一筹莫展。

新组建的班组刚过了一个月的磨合期，突遇倾盆大雨，车间被淹，灾后重建抢修工作十分艰苦——空气混浊，高温作业，场地连起码的通风设备也没有，大家每次干完活儿都是一身油污。令人诧异的是，平日里泾渭分明扎堆的两拨人，此刻却团结得像一拨人，俨然是一支训练有素、纪律严明的队伍。尽管任务都包干了，大家却不是各干各的，而是我干完了帮你，你干完了帮我，不怕苦、脏、累，反而要老汤催促下班。

老汤突然明白这是危机环境激发了员工的积极行为，其逻辑关系链是危机环境导致积极态度，积极态度导致良好行为，良好行为导致满意结果。进一步思考后，老汤体悟到，员工本真性地具有干好工作、好好表现的意愿，关键在于环境及氛围。

灾后恢复正常运行，老汤开始分析班组环境，尝试将危机环境置换为激励环境，觉得需要用一个共同的目标把大家团结起来，于是初步设置了一组具有挑战性的工作目标，即把车间下达给维修班的年度生产指标、材料消耗指标、维修质量标准以及设备安装调试进度等任务，以月为单位要求大家自报公议，全都分解细化落实到个人，并且张榜公布在班组管理园地橱窗内。通过建立目标激励的工作环境，激发员工的工作热情，又以绩效论英雄，体现公平、公正，创造出了有效激励员工的班组工作环境及氛围，所以才有了在微信群里抢红包的欢乐情景。

点　评

班组长老汤坚信员工具有干好工作的主观意愿，理性面对客观环境，建构以目标激励为导向的班组激励环境。

（1）坚信员工具有干好工作的主观意愿是班组长分析班组激励环境的思想前提

一般来说，人刚参加工作时，都具有好好干的心理预期与心理契约。班组故事中所休现的危机环境之所以能激发大家的积极行为，是因为人都事先存有干好事情的主观意愿（潜意识），只是通过危机环境激发出来了。所以，班组长一定要坚信员工具有干好工作的主观意愿，同时也要明白员工发生消极性变化是环境造成的习得性反应。

（2）理性面对班组环境，对班组激励环境及氛围的建构进行逻辑分析

相信很多班组长都具有干好工作的良好愿望，但是少有班组长对有效激励员工的班组环境及氛围进行逻辑分析。逻辑思维是班组长履职时不可或缺的一种能力，即对事物进行观察、比较、分析、综合、抽象、概括、判断、推理的能力。要证明一个命题，为了寻找正确的证题方法或途径，我们可以先设想它的结论是正确的，然后追究它成立的原因，再就这些原因分别研究，看它们成

立需要具备什么条件，如此上溯，直至达到已知的事实。例如，老汤执危机环境下员工不怕苦、脏、累的果，溯出员工们本真性地具有干好工作、好好表现的意愿的因，后来又推导出建构有效激励员工的工作环境及氛围这一命题。

（3）建构以目标激励为导向的班组激励环境

激励，从某种意义上理解就是设置条件激发人的行为。激发人的行为存在着正向激发与负向激发两种。正向激发的性质与奖励相同，负向激发的性质与惩罚相同。通过对激励研究，产生了三种理论，即内容激励理论、过程激励理论和行为激励理论。内容激励理论强调激励人本身，即需要满足；过程激励理论强调激励人的过程，即目标引导；行为激励理论强调激励人的行为，即行为强化。所以要分析班组的激励环境，就是根据班组实际状况，思考设置什么样的激励条件——是内容激励、过程激励还是行为激励，来构建班组的有效激励环境及氛围。一般来说，对于新组建的班组或者不特别熟悉激励理论的班组长，应该学习老汤以目标激励为导向来建构激励环境。这是因为以目标激励为导向的设置条件相对容易，只需要像班组故事中的老汤那样，将班组组织目标任务分解细化到个人，激发员工个人努力实现自己的工作目标，最终促使班组组织目标的实现。

二、建构激励环境的程序

人的需求及需求程度都是由存在决定的，人一般都不会脱离他所存在的环境而拔高自己的需求。这是班组长建构班组激励环境的认知基础，也是班组长能建构班组激励环境的根本理由。

建构班组激励环境的关键点是让员工产生需求能被满足的心理预期，从而产生积极的心理状态，即积极的态度。我们对态度的理解主要指工作满意度，因为态度向上连接人的动机，向下连接人的行为，而动机源于需求，行为导致结果。所以，在班组内建构有效激励员工环境的结构模型为：需求→动机→行为→结果→满足。

根据这个结构模型，建构激励环境的程序为：需要→动机（预期度）；动机→态度（满意度）；态度→行为（自信度）；行为→结果（效应度）；结果→满足（满足度）。

第一步（需求→动机）：班组长要明晰员工的需求，帮助员工把模糊需求转化为清晰需求，即量化为具体可实现的目标，从而让员工产生心理预期。

第二步（动机→态度）：帮助员工把目标的实现步骤化，创造稳定员工动机与承诺的环境氛围，从而使其有良好的态度。

第三步（态度→行为）：帮助员工做好行动前的准备工作，提升员工对目标实现的自信心。

第四步（行为→结果）：帮助员工实现行为的有效性，提升员工行为的绩效。

第五步（结果→满足）：培育员工个人需求与组织目标实现的关联度与价值度。

一般来说，员工的个人需求大部分都很空泛，实现周期比较模糊。创造有效激励环境的关键环节是帮助员工把个人的模糊需求转换为阶段性的、递进性质的清晰需求。建构有效激励环境其实是创造一种良好的环境氛围，让员工具有安全感与归属感，并使自己的人性得以改善，在实现班组组织目标的过程中充分发挥自己的主观能动性，从而认可自身价值。

班组故事

诚心帮助促使价值实现

下午5点多钟，刚刚完成车间17M龙门铣床抢修工作的数控机床维修班班长大李拖着疲惫的身体回到班组工作间。打开工具柜存放工具时，一张纸条从工具柜里滑落下来。大李捡起一看，是一张请假条。工整的字迹呈现在大李眼前：“班长，因有要事，已向车间办理年假休假手续。王新民。”

在大李和班组成员眼里，王新民是一个朴实、敬业、爱动脑筋的人，干活是一把好手，只是平时不太爱吭声，不招人注意。他在维修班的3年里，从未休过年假，此前也没有任何要休假的表示，莫非他家里出了事？如果真是如此，那么班组就应当向他伸出援助之手。

大李刚到宿舍门口，正好碰上提着大包行李的王新民急急忙忙地出来。交谈中，小伙子支支吾吾并不愿说出请假的具体原因。细心的大李不肯轻易放过他，王新民看到躲不过去，只得吐出实情。

王新民的家在农村，家庭经济状况不好，为了供他读完三年职业技术学校的课程，父母欠下不少债。虽然参加工作后，家庭经济压力有所缓解，可他并没有多少能力帮助家里解决债务负担，因此提高收入成为他当前的强烈愿望。前不久，在沿海工作的一个同学为他联系到一家民营企业的工作岗位，此时他正要赶着去参加面试。大李知道情况后并没有阻拦，反倒是热情地予以鼓励：“到外面去闯闯未必是一件坏事，你一定行！当然，要是觉得那里不合适，班组欢迎你回来，大伙需要你。”

5天后的晚上，平时不太注重衣着打扮的王新民西装革履，来到大李家。大李望着王新民这番打扮，感觉是来向他道别的，心里有些失望。没想到王新民一张口便一本正经地说：“我不走了。”这个表态让大李长长地舒了一口气。原来就在王新民请假外出的几天里，大李拜托车间党支部书记特意通过工厂局域网，联系上一套价格比较便宜的二室一厅二手房，并且争取到购房低息贷款指标。同时，前段时期他一直为王新民父母办理的劳保供养关系也有了结果，车间工会主席已经将手续办妥了。

短短几天内发生的这些事，都是王新民外出应聘回到宿舍后，同寝室的小张告诉他的。王新民顿时感到心头一热：人，究竟图个什么？……下定决心的王新民立即来找大李，告诉他自己不走了。

两人随即进入无话不谈的境地。大李拿起在茶几上的一张厂报对王新民说："你看，企业已为班组中的能工巧匠设计了个人职业发展通道，依我看，你完全可以在数控机床的编程方面好好闯荡一番。"王新民一听，立马来了精神。事实上，计算机编程一直是王新民的强项，这次到民营企业去面试，对方正是看上了他的这个特长。不到半个小时的现场编程操作堪称完美，人家当场拍板同意录用他。只是这个结果王新民没有向大李道明。

在随后的日常工作中，大李派活时特别留意，遇到机械方面的故障维修就交给其他人处理，遇到计算机编程方面的故障维修就尽量让王新民担纲。大李的悉心安排，使王新民能够频繁接触各种类型的国产或进口数控机床。他判断故障的技术日臻娴熟，故障排除率也越来越高，排除故障的时间也越来越短。为此，数控机床维修班的维修服务质量和水平有了较大幅度的提高，维修工作多次赢得车间主任的表扬。

12 月 24 日下班时大李接到通知，车间一台刚安装不久的西班牙机床又出了故障。问题出在机床最为关键的心脏部位——电脑模块。供货方的外方维修人员已回国过圣诞节去了，车间主任只能求助王新民。实际上，王新民对解决这类机床的电脑模块问题是有所准备的。令人煎熬的两天过去了，两眼充满血丝的王新民出现在维修现场，将调编好的模块装入机盒内，开机一试，居然大获成功。

鉴于王新民在抢修西班牙机床的"战役"中作出了突出贡献，车间主任特意在车间大会上提出表扬，维修班出了个编程"王"的新闻在全公司不胫而走。维修班的同事深感荣耀，由衷地向他表示祝贺，小伙子朴实无华的回答却颇出人意料："当初我准备去沿海地区参加民营企业面试时，李班长不但没有阻拦我，还说了一句让我刻骨铭心的话'你一定行'。就是这短短的四个字，促使我不断思索，最终抵挡住一时大幅度提高收入的诱惑，使我感觉到工作在一个尊重人、激励人的班组团队里，我当然一定行，也必须一定行。"

点　评

班组长大李牢牢抓住员工需求，诚心帮助其实现价值，在班组建构了有效的激励环境及氛围。

（1）准确识别需求并诚心帮助，是班组长建构有效激励环境的前提

是人就有需求，而每个人的需求形式和内容却不相同。例如，农村出身的青工王新民就与城市出身的青工需求不同，所以班组长要正确识别员工不同的需求，做到有的放矢。王新民愿意留下的关键原因是班组长大李的诚心帮忙。大李在不确定王新民是否能留在班组的情况下，仍然诚心帮助王新民解决他的需求问题，这是难能可贵的，一般的班组长很难做到。这说明如果班组长诚心对待员工，员工也会诚心回馈班组长，如此良性循环，何愁在班组建构不了有效激励员工的工作环境及氛围。所以，班组长的诚心，同样是在班组建构有效激励环境及氛围的前提。

（2）提升员工的价值，并在工作中创造条件帮助其实现价值

当员工能诚心对待班组长时，班组长在帮助员工实现需求的同时，应该乘此机会提升员工的价值，并在工作中创造条件帮助其实现价值，使其个人价值需求与班组组织目标的价值需求趋于一致。当员工的个人价值需求与班组组织目标的价值需求趋于一致时，员工就会产生归属感与忠诚度，会主动劳动去创造共同的价值。所以班组长应该尽量创造工作条件与环境氛围，提升员工的价值，让员工相信个人价值需求与班组组织目标的价值需求是趋于一致的。在上述的班组故事中，大李遇到机械方面的故障维修就交给其他人处理，遇到计算机编程方面的故障维修就尽量让王新民担纲，这就是在不断提升王新民的个人价值，让他最后愿意为班组组织目标的实现贡献力量。

三、建构激励环境的方法

建构班组激励环境的基本方法是让班组目标与个人需求相统一，搭建全

员参与决策与管理的平台，建立让员工产生内驱力的自我激励机制。我国企业班组管理的最大特点就是职工群众直接参加管理。从心理学角度来看，在班组目标与个人需求相统一的前提下，全体班组成员参与班组决策与管理，当然会使班组成员产生自我价值被认可的感觉，并产生自我激励的内驱力和对目标实现的承诺，从而建构全体班组成员的集体心理契约与集体心理承诺。在此基础上，班组长再带领大家根据生产任务和时间，建立班组的目标体系、责任体系和绩效体系。

班组环境主要影响员工两种性质的四种心态，即满意或者不满意、激发或者不激发，即诱因对动机的正效应或者负效应。所以，班组长还应该会对诱因分类，即分清使员工产生满意或者不满意、激发或者不激发的环境因素。美国心理学家、管理学家赫茨伯格通过研究，提出了影响员工工作的两大因素，分别为保健因素和激励因素，这一理论也被称为双因素理论。所谓保健因素，类似卫生保险对身体健康所起的作用，不能直接起到激励员工的作用，但能预防员工不满，如人性规章制度、良好工作环境、正常工资待遇、和谐人际关系等；只有激励因素才能使员工产生满足感并具有积极效果，如工作重要性、工作荣誉感、工作责任感、工作成就感、工作竞争性、工作爱好、成功机会、提升机会、奖励机会等。简言之，保健因素主要是物质层面的内容要素，激励因素主要是精神层面的内容要素。

我们经常听到班组长抱怨建构班组激励环境的大环境不好，或是没有可支配的理想物质资源，即客观条件不理想。其实，班组建构有效激励环境与所谓不理想的客观条件没有必然关系，并不绝对需要企业的大环境和理想的物质资源，只要班组长改变自己的认知与态度，就能建构有效激励员工的小环境。具体操作方法是在识别保健因素与激励因素的前提下，在班组创造并培育“人人帮我，我帮人人”的环境及氛围。员工的需求具有多样性，仅凭班组长本人的努力是很难满足全体成员的需求的，更重要的是在班组创造“人人帮我，我帮人人”的环境及氛围，使成员间人际关系良性互动，从而保证班组有效激励环境的持续健康发展。

班组故事

从“臭石头”变成“香饽饽”

年初的一天，工厂铸造车间的光荣榜前，黑压压地围了一大群人。人们指着石锁柱戴红花的照片，议论纷纷：“这年头什么都在变，‘臭石头’变成‘香饽饽’了。”

事情还得从去年谈起。刚进厂不久的青年工人石锁柱是个独生子，家境殷实，因为讲哥们儿义气，帮朋友打架两肋插刀，一刀子把人捅伤，结果被抓了起来。出事前车间正在搞优化组合，从拘留所出来后石锁柱自然没有人要。班组长老陈看到无其他班组要石锁柱，就将他收到自己的班组里。然而石锁柱认为，横竖是让人看不起的，不如得过且过，上班混日子。

3月份，工厂要求铸造车间在年底前必须完成2500件477A摇枕的铸造任务。造型是第一道工序，造型不出来，后面工序有劲也使不上。为了调动大家的积极性，车间决定对造型一班采用计件加超产奖励的办法，同时规定每月按计划完成任务的，车间还另外给班组奖励。

老陈从车间领回任务，立刻召开全体班组成员参加班务会，决定由原来的二班倒改为三班倒，设备维修保养组分成三个相应的小组来跟班。考虑到造型用的唯一一台抛砂机是关键设备，老陈要求每一个倒班小组的人员在开工前，都要进行设备状态交接。特别是对瓦斗这样的关键零部件，一旦发现有损坏的征兆，就要及时通知维修保养人员来更换，不能为了抢任务而超负荷工作。否则，影响了下一倒班的生产，由上一倒班承担责任。

班务会上老陈知道大家都不愿意与石锁柱搭档，就主动要他跟着自己。对此，石锁柱嘴上不说，心里对老陈还是很感激的，工作比过去主动多了，有时候还向老陈提出一些合理的操作建议。比如，石锁柱发现，只要操作时把抛砂机的速度控制好，原来一个班次要换两次的瓦斗，现在可以只换一次，有时候甚至可以不换。这样既节省了时间，又减少了瓦斗的消耗。老陈采纳了他的建议，经过几次试验果然有效。紧接着在其他两个倒班小组推广，第一个月造型一班的产量就创了新高，受到车间的奖励。

奖金发下来了，老陈召开班委会，讨论怎么使用这笔钱。老陈说："这个月超额完成了任务，固然是大伙努力的结果。但是不要忘了有一个人功不可没。"老万一听就明白："石锁柱。""对。石锁柱最近的表现，比过去好多了。"老陈接着说。副班长小柳和老万都同意这个说法。老陈说："石锁柱家境经济条件较好，不缺什么东西，现在最需要的是自尊和自信。他对电脑感兴趣，我建议给他买几本电脑方面的书，再买一个日记本写上对他的希望和祝福。我们几个签上名字直接送到他家去，也让他家里人放心。"老陈说完，大家都叫好。

此后石锁柱好像变了一个人，工作更积极了，与大家的关系也日益融洽。一天，老陈在脱产培训班快要结束时接到了车间领导打来的电话，叫他赶紧回来。原来前天石锁柱接班时，发现抛砂机中有一块瓦斗隐隐有一条裂纹，本应及时通知维修人员更换。但为了赶进度，他心存侥幸地认为问题不大，未作妥善处理就贸然开机。结果运转不到半小时，这块瓦斗就破碎了，碎片击中了在旁工作的一位员工，抛砂机也遭到损坏。

月初的班组生产分析例会讨论如何处罚石锁柱。最后，大家形成了一致意见：石锁柱作为小组领班，对于设备隐患心存侥幸，违反规定贸然开机，对造成的事故应负主要责任，给予通报批评并扣罚奖金 250 元；鉴于事故发生后，石锁柱积极采取补救措施，最大限度地弥补了损失，最终完成了生产任务，表现突出，奖励 100 元。在宣布这个决定时，石锁柱流下了激动的热泪。年终总结评比时，石锁柱被推荐为车间的优秀员工。

点 评

班组长老陈灵活运用内容激励和行为激励，通过双因素理论建构了有效的激励环境及氛围。

（1）灵活运用内容激励满足人本身的需求

班组长在班组开展激励工作时，应更具有针对性，能从理论上把握内容激励的方法，使自己工作起来更有智慧。班组长老陈明确石锁柱最需要得到满足的是亲和需求，即让大家看得起自己、接纳自己。于是，老陈将没有班组愿意要的石锁柱收到自己的班组里，在工作中主动与石锁柱搭档，给予石锁柱奖励时，不凸显物质奖励，而是注重精神奖励，通过内容激励，让石锁柱的亲和需求得到满足。

（2）灵活运用行为激励对人的行为进行强化

在上述班组故事中，"石锁柱作为小组领班，对于设备隐患心存侥幸，违反规定贸然开机，对造成的事故应负主要责任，给予通报批评并扣罚奖金 250 元；鉴于事故发生后，石锁柱积极采取补救措施，最大限度地弥补了损失，最终完成了生产任务，表现突出，奖励 100 元"，这体现的就是老陈灵活运用行为激励，即通过对石锁柱行为奖与惩的激励，促使石锁柱的行为向正强化方向发展，抑制了负强化方向发展，这是值得班组长学习的。当然，奖惩分明要以公平、公正为前提。如果不是以公平、公正为前提，所谓的奖惩分明只会起到负强化的作用。

（3）在激励中运用双因素理论

班组长在建构激励环境的实践中，首先要学会识别激励因素与保健因素，尤其是激励因素。只有正确了解激励因素，才能对建构有效激励环境及氛围有充分的把握。分析激励因素时，还要注意员工的需求是不同的，同一个因素对不同员工产生的作用也是不一样的。从理论上来说，保健因素运用到一个员工身上，也可能会起到激励作用。例如，老陈对石锁柱的第一次奖励不是直接给他奖金，而是买一个日记本写上祝福语送到他家。如果直接给奖金，对于石锁柱来说就是保健因素；送写有祝福语的日记本到家，就属于激励因素了。

四、建构促进员工能力提升的环境

班组成员能胜任工作并完成任务，有两个必要前提条件，即态度和能力，二者缺一不可。有能力但没有态度，完不成任务；有态度但没有能力，也同样完不成任务。所以，在具备有效激励环境的基础上，提升班组成员履职能力显得比较重要。换句话说，建构促进员工能力提升的环境是建构有效激励环境及氛围的应有之义。

建构促进员工能力提升的环境一定是在开展活动的基础上进行的。活动能为能力提升提供条件，所以开展活动本身就是给员工创造提升能力的环境。在班组，最理想的活动形式就是开展“五小”活动。有两种“五小”活动的内容值得班组长借鉴：一是 1983 年 4 月 20 日，共青团中央会同当时的国家经委、全国总工会联合发出的《关于在全国青年职工中开展“五小”智慧杯竞赛活动的通知》中提出来的“五小”活动，即小发明、小创造、小革新、小设计和小建议；一是东风汽车（集团）公司以现场为中心、以班组为重点、以职工为主体、以绩效为目标，围绕学习、改善、安全、生产、管理五大内容开展的小课堂、小课题、小环境、小指标和小团队的“五小”活动。

“五小”活动的最大特点是以解决班组现实问题或者实现班组预期愿望为导向，不仅是契合班组实际来展开，又是在员工现有能力水平的基础上来展开。通过开展活动，不仅能达到有效提升员工能力的目的，还能产生实际可见的效果，即很容易增强班组成员的自信心，形成能力提升与效果显现交互的良性循环。因此，班组长应该吸取“五小”活动的精神内涵，再结合班组特点和实际，创造“五小”活动的内容与样式，并作出制度性安排，将开展“五小”活动融入班组有效激励环境及氛围的建构中去。

需要说明的，建构促进员工能力提升的环境的核心理念是班组长要对员工充分授权。授权的关键点是要让员工感觉到被授权，从而增强自我效能感，并对工作具有新的价值理解，在此基础上，员工必然会产生通过学习提升能力的信念。充分授权后，班组长还要帮助员工清晰地认识到自身的实际能力与目标能力之间差距，并在员工自觉提升能力的过程中给予指导。

班组故事

班组蜕变记

班组长小罗所在的班组虽然被叫作精密机械加工小组，但公司给他们配备的却是普通铣床、车床及钻床等粗加工设备，80% 以上的工装精密活儿都靠外包加工完成，把他们小组称为“工房”倒更为贴切。为此，班组成员心里都有些失落。公司为控制每年高昂的外包加工费用，决定增加高精密度机床设备，计划两年内把外协加工率控制到 10% 以内。要引进高精密度机床设备，大家挺高兴，可设备一到全都傻眼了，小组没有一个人懂数控加工，其他班组的人也都关注着这个小组会如何驾驭这些新设备。

好在大家都憋着一股劲。小罗首先成立了一个五人的“小攻关”团队。团队成员先参加设备供应商组织的培训。在完全掌握数控机床操作规程的基础上，团队成员对一项典型的慢走丝加工技术进行攻关，取得了成功。接着，小罗运用“小课堂”形式，将慢走丝加工技术传授给班组其他成员，既让大家熟悉了数控机床操作方法，又让大家变得一专多能。由于掌握了这项加工技术，公司减少了外协加工的量，逐步将工装外协加工率降到了 10%。这个时候的“工房”正逐渐蜕变成一个精密机械加工中心。

小罗认为，既然班组正在逐渐蜕变成一个精密机械加工中心，将班组“小课堂”形式制度化就显得十分重要了，因为它是提升班组成员履职能力最直接有效的途径。此后，小罗带领大家制定了“每天十分钟，每周一小时，每月一天，每人一项科目”的学习制度，并配置了相关图书和学习资料；开办了班组“名师讲堂”，鼓励大家相互间传授技艺、答疑解惑。看到大家在讨论过程中对班组问题发表各自看法，小罗趁此成立了“小课题”组，针对班组现场改善课题组织攻关，还要求将攻关成果写成文字，收集到班组绝技绝活备忘录里，形成经验和技能成果让大家共享。

班组还开展了“小关心”活动，这个活动是源于对公司内部客户服务满意度的一次调查。当第一轮调查结果出炉时，大家都傻眼了，小组的得分仅为65分，其他班组对精密机械加工小组的意见有一大堆。原来大家都习惯关门生产，只按图纸加工，对于工装做什么用不甚关心，有时发现图纸错误也懒得去问，按部就班。小组成员开始明白满足内部客户的重要性。

有一天是周六，生产部门送来急件生产图纸，说是下周一需要用到生产出来的样品。图纸被送到了小罗手上，上面写的需要用的材料是440C不锈钢。小罗突然想起前一天参加生产部门晨会时，工程师曾提到下周要对金属颗粒进行样品试验，使用新型材料陶瓷垫片。如果是针对这批样品生产，那么工装垫片的材料就应该是H21Z04陶瓷，而不是图纸上注明的440C不锈钢。想到这些，小罗没有马上安排生产，而是试图联系工程师。因为是周末，工程师没有上班。小罗找到宿舍，不巧的是他刚好外出。一直等到了晚上，再不生产就会影响小组的准时交货率，大家心急火燎地劝小罗照图纸生产。不死心的小罗一直等在工程师的宿舍门口。晚上七点，工程师终于回来了，一问之下果然是图纸标错了。工程师感激地对小罗说：“如果不是你，工装肯定报废，下周的样品自然是赶不上了。”

在周一的例会上，精密机械加工小组收到了本季度的第一封内部客户表扬信。在“小关心”活动的基础上，他们还在班组开展了“小兴趣”活动，丰富大家的业余生活。

点　评

要建构促进员工能力提升的环境，一定要开展活动，在活动过程中提升员工的履职能力。

（1）以班组现实困境为切入点开展“五小”活动，建构促进员工能力提升的环境

在班组开展“五小”活动的最佳时机是班组遇到困难的时候，此时开展活动具有针对性，也更能激发班组成员的战斗力。在上述班组故事中，小罗所在的班组引进了高精密度机床设备后，没有人会用。为了攻克这一难题，小罗通过“小攻关”“小课堂”等活动形式，调动了班组成员的积极性，提升了其技能水平。

（2）根据实际在班组创造性地开展“五小”活动

在班组故事中，小罗根据公司内部客户服务满意度调查结果在班组开展“小关心”活动，就是创造性地拓展了“五小”活动的价值范围。因此，“五小”活动没有固定的形式，班组长可以根据班组工作的实际需求来开展。

（3）常态化开展活动，建构促进员工能力提升的环境

既然是活动，就总有起止点。要实现常态化，可以将活动、活动过程及活动成果作出制度性安排，让其成为人的自觉行为。班组故事中小罗将班组“小课堂”活动形式制度化，将“小攻关”活动的攻关成果写成文字，收集到班组的绝技绝活备忘录里，形成经验和技能成果让大家共享，就是将班组的“五小”活动常态化的做法。

本章思考题

1. 什么是分析班组的激励环境？试讨论使员工心理契约发生变化的主要因素是什么。

2. 什么是建构激励环境的程序？试讨论为什么态度是建构班组激励环境程序的关键因素。

3. 什么是建构激励环境的方法？试讨论为什么说我国企业班组管理的最大特点就是职工群众直接参加管理。

4. 什么是建构促进员工能力提升的环境？试讨论为什么建构促进员工能力提升的环境一定是在活动的基础上进行的。

第 11 章

领导活动

学习目标

能基本理解领导活动中决策、浇灌、培养、指导和授权的内容。

能决策，在班组决策活动中激发、组织全体成员参与决策，共同建构集体心理承诺，形成行为指向的一致性。

能浇灌，使员工产生被关注和被关心的心理感受，培养自动合作的情感反应，让亲密关系支持员工的集体归属感与忠诚度。

能培养，培养员工态度与能力的关键是让其明了职业前景，在此前提下培养其职业兴趣，从而让其形成职业偏好。

能指导，从管理者转变为教练员。

能授权，让员工有被授权的感觉比授权本身更重要，即员工感觉到被授权才是班组长的真正授权。

你是班组长，你可以将自己称为管理者，但是你能随意称自己为领导者吗？仔细想过之后，你可能不敢随意称自己为领导者。这说明什么？说明管理者与领导者是有区别的。

领导，在现代汉语中具有名词和动词的双重词性。本书主要以动词词性阐述班组长的领导活动。现代领导理论认为，领导的主要功能是产生影响力。职权是产生影响力的重要因素，但不是绝对因素。产生影响力的因素还包括其他主观因素，如道德、知识、威望和能力等。从一定意义上说，这些因素对于领导者影响力的形成起着主要作用。领导活动是领导者向被领导者施加影响力的过程，从而使被领导者自觉服从并成为追随者。

管理与领导的本质区别是：管理是在企业管理活动过程中进行理性及程序化的操控，服从者基于权力；领导是在企业管理活动过程中进行人性及柔性化的影响，服从者基于权威，即领导者要有影响力，让服从者愿意追随。所以说，班组长是企业基层的一线管理者，但未必是一个领导者。现代企业发展的需求要求班组长从管理者转变为领导者。遗憾的是，很多班组长并没有意识到管理与领导的本质区别，更没有认识到角色转变的重要性与必要性。

根据班组长直接管理非管理人员（技能人员）的管理属性，领导是指班组长以职权为基础，在履职过程中运用有效方式与员工良性互动以实现组织目标，并产生影响力与追随者。班组长的领导能力是指班组长在进行班组管理的过程中，运用自身的权力、权威和影响力，艺术性地处理复杂多变的人际关系，以领导班组成员实现班组组织目标的能力。对班组长而言，领导活动就是班组成员追随班组长的活动。其主要内容包括决策、浇灌、培养、指导、授权。

一、决策

从一般意义上理解，决策是指人们对需要解决的事情或者一次机遇选择如何决定并付诸实施的过程。班组长一般每个月都要根据月度或者年度生产任务进行一次决策。班组在企业中的层级地位决定了班组的工作细、小、实、全、繁、碎、随机，所以决策过程并不复杂。具体来说，班组长需要作的决策主要是业务决策，或者是对不确定条件下的偶发事件进行处理，这是由班组长与员工之间频繁互动的工作环境所决定的。

从班组本身来说，存在着大事项的决策与小事项的决策、程序性的决策与非程序性的决策。在作大事项的决策和非程序性的决策时，班组长要激发、组织和领导全体班组成员参与决策，共同建构集体心理承诺，形成班组成员行为指向的一致性。因为作完大事项、非程序性的决策后，实施任务最终都要落到每位班组成员身上，而班组长在组织全体班组成员共同参与决策的过程中，要艺术性地把“我的责任”转化为“我们的责任”。

认知心理学告诉我们，人们具有评价自身能力水平和自身观点恰当性的需要；人们也会通过与他人的观点和能力作比较，来评价自己的观点和能力，并自我表现。班组成员参与班组决策的行为满足了这种心理需要，会让班组成员感觉到自己的重要性，从而承担起证明自己观点和能力的心理承诺，消除把成功归为自身因素、把失败归为外部因素的心理习惯。所以，班组决策有效与否，在很大程度上取决于班组成员的参与程度，当然也依赖于班组长的经验与常识。

决策过程一般分为如下几个步骤：诊断活动、设计方案、筛选方案、执行方案、效果评价、决策总结。在管理学上，有很多种决策方法，如最优化法、决策树法、现状分析矩阵汇总法、风险分担法、优选理论法、博弈法、加权平均法等。

班组故事

发挥决策优势

最近几天某发电厂电气继电保护班班长小陈满脸愁容：单机容量300兆瓦的#5机组即将大修，厂里承揽的深圳妈湾电厂的一台300兆瓦机组检修业务也在同一时间开工，领导说要从保护班抽调4人过去。虽然保护班目前有25人，可2名骨干被派去执行厂里承包的土耳其电厂劳务项目，2名维护人员去广州出差了，中发电力监理公司也借调了2名保护人员外出参与大修监理，如果再抽走4人，班里只剩下15名员工了，其中还有2名怀孕已经5个多月的女工。

雪上加霜的是，本次大修除了修常规的标准项目外，还增加了励磁调节器改造和引风机稀油站控制回路的改进工作。可是人员再紧张，活儿还得干呀！如何合理调配班组现有人员，顺利完成本次大修任务成了小陈急需解决的问题。由于继电保护工种的特殊性，从其他班组抽调人员来助力不具有可操作性，从外单位借人则需要一笔不小的费用。小陈忽然有了一个主意。他召集全体班组成员召开班务会，主题是“假如我是班长，将如何调整班组人员完成本次大修任务”。

性格活泼的小郑举手说道：“我有一个主意，咱们重点抓好励磁调节器改造和引风机稀油站控制回路的改进工作，一部分辅机的大修等到以后小修时再干。”

老常摇头反驳道：“臭主意。厂部提出‘应修必修、修必修好’，领导会同意吗？投机的事，咱们不能干。”

大家也觉得小郑这主意好似一招妙棋，其实是个死棋。

思前想后大家统一了意见，只有从现有人员身上打主意。大家将本次大修的工作量进行了认真、细致的测算，按照倒排工作日的方法，测算出每天必须完成的工作量。在人员组合上考虑了两个方案：一是按现有的三个检修组来推进，但是这样一来，发电机保护小组的技术力量较为单薄，不利于整体进度；二是打破现状，重新进行人员组合和设备分工，重点放在发电机保护大修及技改项目上。

经过慎重决策，大家选择了第二个方案：将班里15名成员按照技术能力强弱合理搭配后，重新分成三个小组，并明确了大修期间各自的工作任务和检修目标。为确保工作目标如期实现，班务会还临时作出了如下规定：为保证检修质量和大修工期，奖金分配与大修工时挂钩；严格按照《作业计划指导书》进行大修作业；每个小组都要制订严谨的工作计划；严格按照大修统筹图合理安排检修，做到环环相扣。

尽管一个大修周期下来，全班成员感觉就像过了一个世纪那么漫长，可工作任务却得到圆满完成，不仅没有延误大修工期，还提前了 3 天。

点　评

班组长小陈在进行大事项、非程序性的决策中，激发、组织和领导全体班组成员共同参与决策，构建了班组集体心理承诺。

（1）让员工在信息透明、对称的情况下参与班组决策活动

正确决策一定是在信息透明、对称的情况下实现。也就是说，信息透明、对称是正确决策的前提条件。班组长在进行决策时，第一要务是让信息透明、对称，让员工在信息透明、对称的情况下参与决策活动。班组故事中小陈给予班组成员的信息是透明、对称的，即让班组成员了解当前面临的任务情况和人员情况。在信息透明、对称的前提下，小陈的另一个高招是召开主题班务会，促使员工换位思考，从“我（小陈）的责任”转换为“我们（全体成员）的责任”，构建了班组集体心理承诺。

（2）在决策的执行阶段，要制定严格的实施措施和规定

根据事项与程序两个维度，可将班组决策归纳为四个象限：“大事项—程序性”决策象限，其决策内容主要是任务目标、生产计划和工作绩效等；“大事项—非程序性”决策象限，其决策内容主要是突发性事件或者事故等；“小事项—非程序性”决策象限，其决策内容主要是员工间的纠纷与矛盾等；“小事项—程序性”决策象限，其决策内容主要是技术性故障和员工的正常诉求等。班组在“大事项—非程序性”象限上的决策方案确定后，在执行阶段仍然存在着决策问题，具体体现为“小事项—程序性”象限上的决策。例如，为确

保工作目标如期实现，班务会还临时作出了如下规定：奖金分配与大修工时挂钩，严格按照《作业计划指导书》进行大修作业，每个小组都要制订严谨工作计划，等等。

（3）发挥群体决策优点，消解群体决策缺点

群体决策具有很多优点，当然也存在着相应的缺点。从组织行为学角度看，群体决策时存在群体思维与群体偏移两种现象，而这两种现象会影响群体决策的质量及对方案的客观评估。群体思维是指受群体中从众压力的影响，会严重抑制那些不同寻常的、由少数派提出的或不受欢迎的观点；群体偏移是指在讨论备选方案、进行决策的过程中，群体成员倾向于放大自己最初的立场或者观点。在某些情况下，谨慎态度占了上风，形成了保守偏移。但是，更多时候，群体容易向冒险偏移。小陈掌控着班组群体决策的节奏，没有让小郑的“臭主意”成为主要讨论意见，这就是在群体决策过程中避免群体思维与群体偏移现象的典型事例，其关键是班组长要保持理性客观态度，具有对群体思维与群体偏移现象的识别能力。

二、浇灌

现代心理学告诉我们，人存在着两性，即理性与感性，它们又是相互参照而存在的。理性是指人在正常心理状态下为获得预期结果，冷静面对现状，控制自己，通过判断、分析、综合、比较而作出行动的能力；感性是指人在正常心理状态下的情感体验，对现实、环境与对象具有好与不好、亲和或者不亲和的价值判断，体现出人对事物与生活的一种态度。本书是在人的感性基础上，讨论浇灌在班组实践中的意义，希望班组长在履职过程中拥有“花匠”心态。

管理学家把浇灌一词借用在领导活动中，形容要培育下属自动合作的良性情感反应，应该像种花一样倾注心血，不断浇水滋润才能开花结果。本书所讨论的浇灌，是指班组长在履职过程中要关心员工的生活、呵护员工的情感，使

员工产生被关注和被关心的感受，让亲密关系支持员工的集体归属感与忠诚度，唤起员工自动合作的良性情感反应，从而带来工作的主动性。

班组长要从情感上喜欢自己的员工，这是浇灌的心理基础。如果对员工有排斥的情绪，班组长首先要改变自己的态度，因为只有你真诚接纳员工，员工才会接纳你，从而影响其自我知觉与情感，浇灌活动才能产生效应。也只有这样，才能培养出员工与班组长情感和价值的一致性。

浇灌的关键点是班组长在帮助员工的时候，让员工明白班组长得不到任何回报。也就是说，没有功利，这样就增长了彼此的信任关系。浇灌产生效应的标志之一，是在班组长料想不到的情况下员工向其倾诉，让班组长分享他的幸福与痛苦。

班组故事

浇灌出班组和谐之花

巡检四班在企业里非常出名，因为这个班组里有几个调皮捣蛋的年轻员工。他们上岗时不是打瞌睡，就是不出力，还时不时地弄点儿是非来。他们与其他成员的关系也不融洽，换了好几任班组长都改变不了这个情况。车间决定派生产标兵李飞去当巡检四班的班组长。

李飞性格较活泼，兴趣广泛，做事也比较稳健。可李飞心里没底，知道那几个年轻员工抱团，很不一般，前几位班组长都是被他们给挤走的。李飞上任之后，经过一段时间的接触与观察，发现那几个年轻员工中有一个叫二子的是领头人物。李飞想，抓住他就抓住了问题的关键。李飞发现二子有一些爱好，如喜欢唱歌、跳舞和上网等。李飞也是一个“网虫”，于是他从上网的话题开始与二子交往。

“你平日里喜欢上什么网？”李飞问二子。

二子答道：“我什么网都上，联众游戏，玩 QQ，也看新闻。”

“我建议你上新浪UC，很好玩，上面什么都有，可以看新闻，可以玩游戏，也可以聊天、听音乐、唱歌，你去试试。”

第二天上班，二子就兴奋地来找李飞：“你推荐的新浪UC真的好玩，想不到你也是个玩家。”

李飞趁此与二子交换了QQ号。回到家后，李飞一有空闲时间就与二子闲聊，逐渐与二子建立起了密切关系。

有一次上零点班，二子闹肚子上卫生间，错过了串牌时间，按厂部规定未串牌需罚200元。李飞刚好巡检路过，就替二子把牌串了，还让二子在岗位上歇会儿，他自己替二子把这个班的活儿干了。二子非常感动。还有一次，李飞在二子的巡检区域发现了事故隐患，在及时处理后申请奖励时，却只写了二子的名字。等奖励通知公布后，李飞才把经过告诉他，并把奖金送到他手里。而二子却将奖金转手交到管理班组备用金的员工那里。

为了与二子他们打成一片，李飞不放弃任何机会。一天，班组参加公司技术比武获得了不错的成绩，大家都非常高兴。李飞找到二子说：“你们下班有时间吗？咱们全班都去撮一顿。”二子他们平日里就喜欢喝两杯，听到李飞的话特别高兴，下班后就和大家一起到附近小酒馆里喝起酒来。喝酒时，大家兴高采烈地说了很多心里话，同事间的关系从来没有像今天这样融洽过。

第二天上班，李飞感到那些平日里不太把自己放在眼里的几个年轻人的眼神和态度跟以前不一样了，显得很亲热。通过与二子他们相处，李飞感觉到这几个年轻人总的来说本质是好的，只是过去的几位班组长没有很好地亲近他们、适当地给予引导。

对李飞的领导方式，有些人产生了怀疑甚至反对，认为这些人不好好工作影响班组形象，不能迁就。一时间风言骤起，车间领导也为李飞捏把汗，担心会纵容歪风邪气。李飞却不这么认为，坚持与二子他们接触，工作上帮扶他们，工余时间与他们聊天。时间长了，那几个年轻人遇到工作、生活上的一些难题时，也愿意与李飞商量了。李飞成了二子他们几个年轻人的知心朋友。发展到最后，只要李飞安排的事情和任务，他们都乐意去做。在李飞的影响下，二子他们完全融入了巡检四班这个大家庭。

点　评

班组长李飞实践浇灌理念，培养了下属自动合作的良性情感反应。

（1）抓住非正式群体中的领头人物，达到事半功倍的效果

班组是正式群体，在正式群体内也必然有非正式群体相伴而存在。非正式群体是为了满足个人心理或生理需要，在社会工作和生活环境中自发组成，以成员特殊感情、兴趣、价值观等非工作性因素为主要联系纽带，未经权力机构认可而形成的群体。非正式群体的领头人物是自发产生的，具有较强权威性，对其他成员有强大支配权，大家都愿意遵从他。非正式群体对组织具有正反两方面作用：正面作用是促进组织稳定，加速组织目标实现；负面作用是破坏组织稳定，阻碍组织目标实现。班组故事中的二子无疑是巡检四班中非正式群体的领头人物。班组长李飞通过抓住二子这个领头人物，解决了问题。

（2）投其所好打开缺口

班组长一定要明白投其所好的动机是什么、想达到的目的是什么。浇灌的核心理念与前提是人具有情感（感情），当情感（感情）对情感（感情）时，就会产生良性情感（感情）的聚变。所以，班组长在坚信自己动机与目的正当性的情况下，对员工投其所好无可厚非。通过这种投其所好，将自己“善”的情感传导给大家。当然，在坚持自己正确行为的前提下，还要努力说服大家共同进行浇灌行为。事实表明，为实现目标而努力的人就不易受问题和冲突的干扰，能把体现人格“善”的一切方面整合起来。

（3）将浇灌内化为履职的心理习惯，形成自己的人格魅力

群体成员间会互动，又会相互影响，而个体在群体中同时存在着从众心

理与从众效应，所以社会心理学把群体定义为“两个或更多互动并相互影响的人”。如果班组长将浇灌内化为履职的心理习惯，必然会在班组群体中产生良好的情感反应，形成积极向上、健康的班组环境氛围。员工受从众心理因素的影响，彼此之间通过暗示、模仿和感染等相互作用，会产生彼此接近、趋同的类化过程，并在此基础上形成班组群体的心理规范。例如，班组故事中二子的变化就是在积极向上、健康的班组环境氛围中产生。群体从众现象具有积极与消极两种价值趋向，班组长应将班组成员向积极的价值趋向引导，避免出现消极的价值趋向。

三、培养

如果浇灌是在人感性的基础上讨论人的情感反应，那么培养就是在人理性的基础上讨论人的行为反应。培养，其本意是指以适宜的条件促使其发生、成长和繁殖。从组织行为学的角度来说，培养就是班组长对员工履职能力的培养，促使其职业能力成长，以实现职业能力与不断增长的工作要求相匹配，又能较好地预测员工本人履职行为的效能与绩效，其本质是具有帮助性质的利他主义。

本书讨论的主要是培养员工的职业能力，其重点体现在专业技能上。知识、技能都是人的主观体验，“知识加技能等于能力”同样也是人的主观体验，所以对能力的普遍解释是人能胜任某项工作的主观条件。然而在一般情况下，能否胜任工作又需要解决两个方面的问题：一是做什么，二是怎样做。所以，班组长在培养员工时，首先要让员工明了职业前景，在此前提下培养员工的职业兴趣从而形成职业偏好；其次要委派难度适中的工作任务，并帮助员工厘清职业能力与目标任务之间的差距，其难度系数应是能“跳起来摘桃子”，以激发员工提升职业能力的欲望；最后是在作业过程中，为员工提供技术支持与组织服务，使员工能独立完成所确立的工作任务。

班组故事

个人成长与企业发展相统一

随着国家投资建设现代化粮库，中储粮北方某直属粮库新建了不少新型粮仓，新增了变电站、自动化控制中心、火车和汽车自动接收发系统、强力排水站等设施和系统，这些新增的设施和系统都划归粮库设备科管理并维护。

由于历史原因，设备科负责设备维修的员工年纪都较轻，大部分人连安装图纸都看不懂，其专业技术水平离现代化设备的要求相差甚远。以前出现设备问题及技术难题时，粮库要么通过设备制造厂家或者外聘技术人员来处理，要么就把该设备闲置起来，导致设备科的维修人员反而没什么事可做，当然也没有什么积极性，维持现状不出大事就行。粮库领导为此一直伤脑筋，考虑到要让设备科的小伙子们活跃起来，同时也让这些设施和系统充分运转，于是成立了维修班，让老郑来当班组长。

老郑先找一些员工谈心，他发现员工状态松松垮垮的一个主要原因就是这些年轻员工对自己未来的职业生涯缺乏规划。“这些小伙子需要有一个清晰又有吸引力的前景规划。”有了这个想法后，老郑就正式在维修班实施职业生涯规划。这个规划的核心是结合设备管理、维护、检修方面的工作要求，将现有的机电一体化设施与设备作为学习实践对象，努力把大家培养成设备管理、维护、检修方面的专业人才。

虽然维修班大部分年轻员工没有受过机电专业的系统培训，但面对老郑所规划的职业生涯前景，想到这个挑战所蕴含的个人发展机遇，这些血气方刚的小伙子认为没有理由不去搏一下。“你们的职业生涯将从这里开始。”老郑的这句话打动了他们。他们投身于设备管理、维护、检修的学习课堂，不断提升自己的技能水平。几年下来，不少人都在某一领域非常在行。维修班员工记住了老郑说过的这句话：“不能强留谁在这里干一辈子，但希望大家记住这段培养经历，相信对你今后的人生都是有帮助的。”

点 评

班组长老郑将培养与员工的职业生涯、工作实践和自我实现相结合，达到个人成长与企业发展相统一。

（1）将培养与员工的职业生涯相结合，激发员工通过努力学习改变自己的动力

每一位员工都对自己的职业生涯有良好期待。基于此，培养就应该与员工的职业生涯结合起来，从而激发员工通过努力学习改变自己的动力。对职业生涯有良好期待的实质就是有职业生涯规划，所以进行职业生涯规划满足的是员工在个人事业发展方面的需求，体现的是人对自我实现的追求，这种追求蕴藏在员工的心灵深处，呈潜意识状态。班组故事中老郑的一句话——“你们职业生涯将从这里开始”打动了年轻员工，就充分说明了这一点。

（2）将培养与工作实践相结合，使员工在原有认知基础上融合学习

班组故事中老郑将培养员工与工作实践相结合，实践的是一种建构主义学习理论。建构主义学习理论认为，知识不是仅通过教师直接传授得到的，而是学习者在一定的情境下，借助他人的帮助，利用必要的学习资源，通过意义建构的方式获得的。进行学习时，总要涉及学习者原有的认知结构，学习者总会以自身的经验来理解和建构新的知识和信息。所以，学习不是学习者被动接受信息刺激，而是根据自己的经验背景，对外部信息进行主动的选择、加工和处理，从而获得意义，是双向相互作用形成自己对知识的理解。老郑结合设备管理、维护、检修方面的工作要求，将现有的机电一体化设施与设备作为学习实践对象，努力把大家培养成设备管理、维护、检修方面的专业人才，就是典型的对建构主义学习理论的实践运用。

（3）将培养与人的自我实现相结合，达到个人成长与企业发展相统一

凡是人，都天生具有“我应该成为什么样的人”的自我实现的倾向。美国心理学家马斯洛认为，人的自我实现是人个体对追求未来最高成就的人格倾向性，同时也是人生理、安全、感情、尊重需求层次之上的最高层次需求。所以，班组长对员工培养的最高原则与最终目的，就是创造条件和机会，让员工实践在自我实现的路途上，达到个人成长与企业发展的有机统一。

四、指导

指导体现的是班组长权力与权威的综合运用，从管理者或者领导者角色转变为教练员角色。从管理学角度来说，指导是指班组长根据班组目标对日常工作作出决定，并通过沟通传递给员工，为在执行过程中落实好决定，对员工提供支持与帮助。指导具有三个方面的意义，即指引、命令以及帮助。

指引是指班组长根据班组决定引导员工作出自己的决定，体现为对员工作业思路或者操作流程的引导，消除不必要环节或者合并相关环节，使其作业思路更清晰或者操作流程更合理，并始终把员工作业行为规范性指向目标任务，从而提高工作效率或者获得工作成果。指引包括五项分析，即目的分析、现场分析、次序分析、人员分析和方法分析。

命令是班组长通过组织规章制度、工作标准、工艺要求等，把工作任务与决定规范地落实下去。命令对任何管理风格的班组长来说都是必要的，当然对员工来说也是必不可少的，否则员工会感到无所适从而不能有效工作。所以，班组长对员工发出命令是完成任务的必然需要。即使在一个人际关系十分民主的工作环境中，命令也是需要的，因为只有这样才能有效地执行任务。命令还可以起到协调、强调的作用，即使在员工参与度很高的班组，也需要班组长将最后的决策结果变为命令。所以，为了实现指导的有效性，班组长下达命令应符合三个基本条件：完整、清晰、可执行。

帮助是班组长协助员工解决工作中遇到的困难或者问题，给予其技术性或者方法性的指导，促进其完成任务。班组长应该树立帮助意识，把帮助员工顺利开展工作作为自己工作的基本内容，在技术、工作乃至生活上帮助员工解决困难或者问题，给员工创造更优越的工作条件。命令体现的是刚性原则，帮助体现的是柔性原则，可以有效促进命令的执行，所以两者之间是紧密联系的。班组长在具备随时帮助员工意识的同时，要善于观察——当员工需要帮助而班组长雪中送炭时，员工就会有意想不到的惊喜感。

班组故事

中修炼铁高温炉膛的故事

虽然已经是 12 月了，但攀钢集团筑炉公司炼铁厂里还是热浪滚滚。

“安全员小王、技术员小易先进高炉查看情况，第一作业摊准备。”班组长老黄下达了命令。根据以往的经验以及班前会上的安排，第一作业摊摊长小张安排 10 名员工搬来 60 块砖头备用，而其余 19 名员工则排成一行整装待发。

4 分钟后，安全员小王和技术员小易从高炉里出来，两张黄脸已变成两张黑脸。

“报告班长，炉顶有一块残铁，有五六斤重，这是一个安全隐患。”安全员小王说。

“炉面的温度有 70 多摄氏度，炉内有 80 多摄氏度，需要在脚下垫砖才能施工。”技术员小易接着说。

对于炉内出现的这种情况，当过多年班组长的老黄并不感到意外。几天前队里召开会议，队长传达了集团公司要对炼铁厂二高炉进行中修的任务，并对各班组需要承担的工作作了安排。老黄带领的一班的主要任务是清除炉内残渣，时间是三天。

回到班组后，老黄便向副班长老邹通报了会议情况，随后安排老邹去了解什么时候正式停产等相关情况。根据二高炉的情况，老黄开始就如何清除炉内残渣这项任务作计划，并决定将全体员工分成 3 个作业摊分批进入炉内进行连续作业。同时根据以往执行相同任务的施工经验，老黄对在施工过程中可能出现的各种意外情况进行了梳理，并作了相关预案。因此，当技术员小易汇报完炉内的情况后，老黄显得心中有数。

“第一作业摊摊长小张带人开始工作，先除去炉顶残铁。”老黄话音刚落，小张就带领 18 名工友分上下两路进到炉内。而此时，第二作业摊已等候在高炉旁，整个场面显得既紧张又有条不紊。

五分钟过去了，第一作业摊还是不见出来。按照施工惯例，超过 5 分钟是十分危险的。

“我进去看看。”老邹边说边向高炉走去。

“没事。”老邹从高炉里出来说，整个脸已变黑。

“第一作业摊撤出，第二作业摊进去。”老黄说道。

小张出来后，带着惋惜的口气说：“再用 2 分钟，我们就可以将残铁除去了。”

“不行，你们的施工时间已到，再在里面就十分危险。”老黄语气坚决。

除完炉顶残渣用了将近 2 个小时。接下来，老黄和工友们开始清除炉内残渣。到 18 点，炉内残渣除掉了 1/3，达到了当天工程进度的结点。

这时，老黄接到公司总指挥部通知：明天 18 点之前必须将高炉的残渣除完。完成清除残渣任务的时间提前了一天，看来又得加班了。看着满脸黑的工友，老黄确实有些舍不得让他们再干下去，但命令如山，没有回旋的余地。老黄清了清嗓子，在传达了指挥部的命令后说：“我知道大家干了一天，十分辛苦。但时间紧、任务重，为保证工期，大家今晚还得加班。”随后，他又叮嘱工友们一定打电话回家，将家里的事安排好。接下来，老黄开始安排工作。他将原来的 3 个作业摊调整为 4 个，并根据技术员测试的高炉温度，将每个作业摊的作业时间由 5 分钟调整为 10 分钟。对于这样的变化，老黄的工友们已经习以为常了。因此，他们二话没说，便开始有条不紊地开始准备进入炉内施工的各种工作，又一个不眠之夜就这样开始了。

点　评

指导一定要紧贴员工工作现场，哪怕“身”不在现场，“心”也一定要在现场。

（1）始终把员工作业行为规范性指向目标任务

指引的核心是沿着任务目标的方向，引导员工前行。所以，指引就是指引方向，只有方向正确，指导才有价值与意义。如果方向不正确，指导所体现出来的命令与帮助不仅毫无价值，效果可能还会南辕北辙。班组长老黄根据二高炉情况，就如何清除炉内残渣这项任务制订计划，并决定将全体员工分成3个作业摊分批进入炉内进行连续作业，同时，对在施工过程中可能出现的各种意外情况进行了梳理，并制定了相关预案，这些都是确定方向的行为。方向正确才能做到心中有数，执行起来才能有条不紊。

（2）命令可刚柔兼备

班组长在管理实践中会频繁使用命令，这是由职权决定的。但是绝大多数班组长都习惯性地从刚性原则理解命令，很容易产生与员工的对抗情况。我们不能单一地理解命令的刚性原则，而是在刚性原则的基础上兼顾柔性原则，刚柔兼备能使命令更容易被接受。也可以说，正因为命令是冷冰冰的，所以如果执行的时候是暖融融的，执行起来也会更有效率和效果，这无疑考验着班组长的智慧。当第一作业摊在炉内作业超过5分钟，哪怕副班长老邹说“没事”，老黄仍发出“第一作业摊撤出，第二作业摊进去”的命令，充分体现了命令的刚性原则，不容违抗，同时又让人感受到了老黄对员工的柔性关怀。

（3）既立足于工作帮助员工，又体现人文关怀

在一定意义下，精神层面的帮助，远远大于其他层面的帮助。也就是说，

班组长要分清员工需要什么层面的需要，然后再提供帮助，这样的帮助才有价值。当老黄接到公司总指挥部的通知需要安排加班时，员工最需要帮助的不是工作上的支持，而是精神上的抚慰。老黄的做法值得班组长学习借鉴：他首先体谅大家工作了一天的不易，随后又叮嘱工友们一定打电话回家，将家里的事安排好，这就是对员工精神层面上的帮助。

五、授权

20 世纪 50 至 60 年代，管理学家伊恩·戈登基于大公司病和管理效率低下的问题，以人为对象提出了“授权”这一管理思想。授权是指上级成员将部分正式职权或者完成某项特定活动所承担的责任与工作，授予下级成员。在此基础上，我们主要讨论班组长在履职过程中如何艺术性地授权，以让员工获得被授权的感觉与价值体验。

有效授权是一项管理技巧，其过程兼具科学性和艺术性。在班组管理过程中，让员工有被授权的感觉比授权本身更重要，即员工感觉到被授权才是班组长真正的授权。如果员工没有感觉到班组长授权，即使班组长真正授权了，员工的责任感与荣誉感也难以真正建立起来。所以，从某种意义上说，班组长对员工授权实际上是给员工的一种价值体验，即让员工感受到自己被承认或被肯定，从而让自我效能感增加，而不仅是授予权力与责任。

在授权的过程中，班组长要做到以下几点：第一，要识别并信任员工，这是班组长克服授权心理障碍的前提；第二，要确立与员工的信任关系，即让员工认为班组长能力可靠、办事公平；第三，要清晰描述目标任务、作业流程、职责与权限以及可运用的资源；第四，要宽容员工的失败，并提供资源支持；第五，要承兑绩效。

班组长要克服授权的心理障碍，可以先采用委派的方式过渡。委派意味着分配任务，是针对事的；授权意味着分配职权，是针对人的。通过不断委派任务，逐步增强双方的信任与信心，最后使授权在班组成为一种常态。管理学大师彼得·德鲁克曾经说过："管理者应该把精力和时间投入与自己的关键职责相关的重要工作上，而把那些与自己关键职责关系不大的工作交付给下属。"这是授权的理由，也是前提。然而，更重要的是通过班组长有效授权，激发员工的责任感与主动性，创造积极的人际关系，使班组工作更有成效。

班组故事

使授权成为一种常态

班组长刘国胜所在班组有员工 31 名、设备 19 台，担负着工厂的铁路货车锻造件生产任务。长期以来，班组里的铁匠养成了"活不少干、事不多管"的习惯，50 多岁的孙师傅就是这样的典型。孙师傅有一手绝活儿，在班组成员中享有很高的威望。前几年大家推选他当副班组长，他说什么也不干。有一次，班组长刘国胜不在单位，班组生产的连接杆出了质量问题。车间召开分析会，请孙师傅参加。孙师傅死活不同意参加，说自己只知道打铁，不会开什么分析会。

如何解决班组成员不愿担责的问题？刘国胜经过反复思考，查阅了相关资料后，明白了授权的重要性。他拿出了《平面布置、立体操作班组作业授权管理办法》。所谓平面布置、立体操作就是把班组的作业现场进行立体切块，以责任区的形式落实到班组成员的头上，区域责任人对所分担的区域空间具有管理权限，同时也负相应的责任。比如，如果在你所负责的区域有一台设备没有按时进行润滑保养，你有权力要求操作者进行润滑保养；如果造成停产事故，不仅要追究操作者的责任，还要追究你这个区域责任人的责任。再比如，在你所负责的区域内，如果有人没有完成某一项任务指标，除了直接责任人要受到处罚外，区域负责人也要承担连带责任，因为你没有运用督促的权力。当然，如果所负责的区域超额完成任务指标，区域责任人也连带受奖励。

《平面布置、立体操作班组作业授权管理办法》实施以来效果显著，让刘国胜省心不少。员工小张在一周内连续出现多起废品问题，这在以前就是“孩子哭了抱给他娘”——往刘国胜那儿一扔了事。现在区域负责人在完成本岗位生产任务的同时，与小张一起分析产生质量问题的原因，查找图纸、检查设备、分析技术要求，发现是胎具的尺寸与图纸有误差，便及时调整了胎具，保证了产品质量。有人问区域负责人：“你又不管产品质量，跟着忙活个啥？”他说：“在我管的这块‘地盘’上，生产作业中发生任何问题我都有责任，所以只要和作业过程有关的问题，我就必须帮助解决。”

材料管理、库存管理直接关系着班组的作业成本。推行《平面布置、立体操作班组作业授权管理办法》以后，原来那位说什么也不当副班长的孙师傅常常对着他管的炉子发呆。为了降低能耗，他提出了一个分管供气、分表计量的建议，接着利用放假休息时间，与所在区域员工对炉子进行了改造，当年就节约用气近500立方米。对于材料，他也严格把控，连用量不大的焊条他也实行了严格的控制。一位外单位的电焊工来小组支援，顺手在焊条箱里抓了一把焊条就要干活。老孙立即制止并告诉他必须填写领料单，否则材料无法核算。这位电焊工有点儿不服气，老孙说：“干活得讲究成本，班组的生产成本高了，大家都受损失。”在操作过程中，这位电焊工又不慎将焊条头扔在了地上，老孙让他捡起来，他有点儿气不打一处来地问：“你是什么官？怎么什么事都管！”老孙风趣地说：“我是司令！”“什么司令？”电焊工有点儿糊涂了。老孙说：“海陆空三军司令，上到天棚，下到地面，只要和生产作业有关的我都管！”

通过《平面布置、立体操作班组作业授权管理办法》的实施，刘国胜感触最深的是员工具有了责任感与主动性。自从，刘国胜的管理工作轻松多了。

点 评

班组长刘国胜对员工授权给予的是一种价值体验，即让员工感觉到被授权，从而激发起员工的自我责任感与自我效能感。

（1）制定符合班组实际的授权管理办法

班组在企业层级中的地位与特点决定了要以现实的特殊性为依据运用授权思想，否则难以为继。在这个班组故事中，刘国胜立足于班组的实际，即长期以来，班组里的铁匠养成了“活不少干、事不多管”的习惯，制定了《平面布置、立体操作班组作业授权管理办法》，就是以班组现实的特殊性为依据，运用授权思想的体现。

（2）对授权进行制度性安排

由于授权的与被授权的都是人，人具有自由意志，授权人的授权行为也因人而异，而被授权人接受授权行为的程度也因人而异，所以很难形成集体授权意志。班组长是面向全体班组成员授权，必然具有一定的复杂性与多样性，同时也带来更多的不确定性。在班组故事中，刘国胜对班组成员的授权是一种制度性安排，形成了集体授权意志，其方法值得班组长学习和借鉴。制度性安排能引导大家共同遵守授权规则，使授权在班组成为一种常态。

（3）让员工感觉到完全被授权的价值体验

班组长对员工授权时，存在碎片化的问题。如果员工被授权的感觉及意识不是始终存在的，授权与被授权行为的碎片化问题就容易经常性地显现出来，哪怕是给予了制度性安排也于事无补。所以，让员工被授权的感觉及意识始终存在就显得比较重要，能消解班组长授权碎片化的问题。在班组故事中，孙师傅从“事不多管”的状态变成“海陆空三军司令，上到天棚，下到地面，只要和生产作业有关的我都管”，就是刘国胜将授权通过制度性安排，让孙师傅感觉到完全被授权的价值体验，从而使其形成自主意识的典型事例。

本章思考题

1. 什么是决策？试讨论班组长怎样艺术性地把“我的责任”转化为“我们的责任”。

2. 什么是浇灌？试讨论怎样才能培养出员工与班组长情感和价值的一致性。

3. 什么是培养？试讨论班组长在培养员工时，为什么要委派难度适中的工作任务。

4. 什么是指导？试讨论指引、命令、帮助在指导过程中的不同作用。

5. 什么是授权？试举出班组长在履职过程中艺术性地授权的具体事例，并讨论。

第 12 章

团队建设

学习目标

能确立员工的价值观，培育员工对班组及职业的良好道德感受与道德判断，使其以班组组织行为合理性作为行为的依据与考量，并形成习惯。

能培育团队意识，在班组工作中有意创造员工间相互依存度高的工作环境和工作任务。

能塑造团队精神，以让班组产生凝聚力与忠诚度效应。

能建立共同愿景，让班组成员的个人愿景融入共同愿景。

能建构团队文化，把班组建设成具有团队素养的基层组织。

从理论上来说，班组的概念不等于团队的概念，所以班组不等于团队。而在现实中，人们又习惯性地将与自己一起工作的群体称为团队，实质上这是团队概念的泛化。那么，何为团队？班组是群体，团队同样也是群体，为什么还要在班组进行团队建设？这不仅是班组长从理论上要弄清楚的一个问题，更是班组长在班组建设的实践中要弄清楚的一个问题，以利于在班组进行团队建设。

目前，关于团队的一般定义是愿意为了共同的目的而设立业绩目标和工作方法，并相互承担责任的人们组成的群体。团队与一般群体的主要区别在于团队具有目标的认同感与凝聚力、行为的协调性与互补性、责任的个体化与集体化。

在此基础上，我们所理解的团队应该像篮球队队员的心理搭建形态，即成员间在心灵上荣辱与共，以篮球队为载体共同搭建事业的生命共同体。因此，在班组进行团队建设不仅是形式上的搭建，更要求班组长搭建员工心理上的团队，即建设具有团队素养的班组组织形态，以达到员工个人与班组组织的心灵契合，将个人愿景融入班组共同愿景，从而产生创造性张力，在自我超越的基础上实现班组共同超越。

随着企业组织结构扁平化和管理柔性化的发展趋势，班组边界与班组管理的内涵和外延都在扩大，从班组组织形态过渡到项目组织形态或者在班组中引入项目管理也将成为发展的趋势。因此，提升班组长在班组进行团队建设、培育员工团队意识的能力具有双重意义，既是现实的需要，也是发展的需要。团队建设的主要内容包括确立员工的价值观、培育团队意识、塑造团队精神、建立共同愿景、建构团队文化。

一、确立员工的价值观

确立员工的价值观是班组团队建设的前提。价值是指客体（事物）对主体（人）的意义，是客体（事物）属性与主体（人）选择在发生肯定性关系中生成的，简而言之就是人的道德感受。主体（人）及其需求的多样性与复杂性，决定了价值的多样性和复杂性。

价值观是主体（人）对客体（事物）意义判断与选择的结果，形成观念和看法并为主体（人）的行为提供正当理由，简而言之就是人的道德判断。主体（人）辨定是非好坏的思维取向具有稳定性、持久性和主观性的特点。社会、企业和个人都有自己的价值观。

虽然个人价值观是在生活中形成的，决定了人的自我认识、理想信念以及生活目标，但是身为社会和企业中的个人，同时接受和影响着社会、企业的价值观。对于班组成员来说，接受企业的价值观，是其职业生活中很重要的基石。

班组也有自己的价值观，班组成员在同时接受和影响着班组价值观。价值观对动机有导向作用，在同样条件下不同价值观的人的动机模式不同，产生的行为也不同。所以价值观一旦确立，就会决定班组团队建设的发展方向。从这个意义上来说，班组长首先要注重对员工的人格塑造，培育其普世价值观，如爱国、敬业、守信、责任，等等；在此基础上，培育员工对班组及职业的良好职业道德感受与道德判断。具体来说，要培育员工在工作时间以班组组织行为的合理性作为自己行为的依据与考量，并形成习惯。20 世纪 60 年代，在全国工业领域广泛开展“工业学大庆”活动。大庆油田“爱国、创业、求实、奉献”“三老四严”“四个一样”的理念源于大庆基层班组，后面升华为大庆人的价值观。

班组故事

“聚是一团火，散是满天星”

大庆油田供电公司星火一次变电所成立于 20 世纪 80 年代，主要担负采油一厂、采油三厂 8 座二次变电站、10 条 6 千伏出线的供电任务。建所以来，变电所坚持用“三老四严”强基固本，培育严细成风的员工队伍，先后获得国务院国资委“中央企业学习型红旗班组”等 118 个荣誉称号，形成了“聚是一团火，散是满天星”的星火价值观。

星火价值观之一：一根扁担传作风

“一个和尚有水喝，两个和尚抬水喝，三个和尚没水喝。”这个故事告诉我们：惰性是在攀比中产生的。然而在星火一次变电所，干部与员工比勤快，却把扁担压折了。

建所之初，星火一次变电所开关场场地地势低洼，夏季一片汪洋，冬季土地冻胀，严重影响安全运行。为了改变这种状况，全体员工发扬大庆人“有条件要上，没有条件创造条件也要上”的优良传统，用人拉肩扛的方式抬土垫高开关场场地，保安全运行。

在劳动中，领导自觉从严、率先垂范。员工抬一筐土，时任党支部书记陈志华就和生产骨干抬两筐、三筐，把扁担压折了，就换一根粗杠子。员工们纷纷效仿，一时间铲土的、抬筐的干得热火朝天。员工下夜班也不回家，主动留下来参加义务劳动。

就这样，他们一干就是 3 年，硬是将 3000 多平方米的开关场场地垫高了 30 多厘米。那时候，星火一次变电所员工每年参加义务劳动的时间至少有 52 天，多的达到 150 天，星火的“劳动论”（只有艰苦的劳动才能产生真正的价值观）由此产生。

星火价值观之二：一把塞尺量精神

有一次，员工宋文龙在与做钳工的父亲聊天时，得知了塞尺的用途。他马上联想到变电所的刀闸接点因动、静触头接触不良发生过多起过热现象，塞尺正是检测刀闸接触是否良好的最好工具。第二天，宋文龙就赶到五金商店自己花钱买了一把塞尺，在当年的设备检修、验收中派上了用场。很快，这种方法在供电公司得到普及。

某一年，星火一次变电所易地新建，成为全微机保护综合自动化变电所。在投产送电前夕，针对变电所接点过热这个比较突出的问题，副所长李龙严把验收关，带着值班长用 0.05 毫米的塞尺，对 3 米多高、48 组、144 个触头的刀闸接点逐一进行检查验收，弥补了检修单位仅仅通过接触电阻测试刀闸接触是否完好的缺陷。每查一遍，他们都需要爬上爬下 48 次，共查了 3 遍，与施工单位合作又整改了 3 遍，使易地新建的变电所被评为油田公司优质工程，投产至今未出现任何接点过热现象。他们的这种精神也被誉为严细精准、一丝不苟的“塞尺精神”。

星火价值观之三：一滴墨水查标准

在金牌变电所评比中，星火一次变电所以96分的成绩获得了金牌，员工们正高兴的时候，所里却开展了“面对金牌找差距”的活动。时任星火一次变电所的副所长李龙满怀愧疚地说：“扣掉的4分中，有0.5分是因为我在运行记录上洒了一滴墨水。当时我没怎么当回事儿，也没重写一遍，现在我才认识到问题的严重性。严细认真的作风，是一点一滴养成的，今天忽视一滴墨水，明天就可能放过一个缺陷。”

李龙的一番话在大家心中引起了强烈反响，大家认识到：决战在日常，决胜在细节；平时不严，细节必失。由于星火人坚持标准不放松，星火一次变电所多年来先后48次荣获东北地区红旗变电所、标准化变电所、中国石油天然气集团公司金牌变电所等称号。

星火一次变电所的星火价值观还体现在：“坚守职责，百人如一人”“恪守规程，千次如一次”“超越极限，万天如一天”。

点　评

大庆油田价值观是确立大庆人价值观的职业基石，所以班组长要先创造班组的价值观，再培育并确立员工的价值观。

（1）让员工对变电所具有良好的道德感受与道德判断，以此为前提确立员工的价值观

班组长要确立员工的价值观，首先要让员工对班组及职业具有良好的道德感受与道德判断，这是班组长确立员工的价值观的前提，同时也考验着班组长的履职能力与智慧。只有如此，才有可能在班组进行团队建设。试想如果员工宋文龙不对星火一次变电所具有好的道德感受与道德判断，能产生用塞尺来解决刀闸接点过热现象的联想吗？他能在第二天就赶到五金商店自己花钱买了一

把塞尺吗？当然不可能。

（2）领导与员工一起共同筑建星火价值观，并作表率践行星火价值观

这个班组故事告诉我们，“一根扁担传作风”和“一滴墨水查标准”形成的星火价值观，都是星火一次变电所领导作出表率，与员工一起共同筑建的结果。人最容易犯的习惯性错误就是归罪于外。归罪于外是以片段或者线性的方式来看待外在世界，而将系统切割就无法认清内外之间的互动关系，也就难以形成解决系统问题的方法。负责人习惯了归罪于外还会给员工带来情感上的不适感——如果出现了问题，领导不是先找自身原因，而是将问题与责任推向客观，其自身权威性将会荡然无存。所以，班组长要学习星火一次变电所领导归罪于内、归功于外的情操，与员工一起共同筑建价值观，并作出表率践行价值观。

（3）形成整体性质的星火价值观，引领员工个人行为

星火一次变电所“聚是一团火，散是满天星”的星火价值观是由“一根扁担传作风”“一把塞尺量精神”“一滴墨水查标准”等一系列价值观共同作用而形成的。又由于形成了“聚是一团火，散是满天星”的整体性质的星火价值观，才催生员工产生了“坚守职责，百人如一人”“恪守规程，千次如一次”“超越极限，万天如一天”的行为。价值观与行为形成了良性循环。因此可知，员工行为与班组价值观是相互影响的循环过程，一旦确立整体性质的价值观，就决定了班组团队建设的发展方向以及班组团队的生命力。

二、培育团队意识

员工的价值观确立后，开始培育其团队意识。意识只有通过人的行为才能体现出来，所以对员工团队意识的培育，也需要通过行为体现出来。因为意识是对存在的反映，所以可以通过设置环境条件来刺激生物体，让生物体产生反应（行为）。通过设置环境条件，还可以预见生物体的反应与行为，并加以强化，以形成长期的记忆。班组长可以在班组设置与团队理念相吻合的环境条

件，以培育和强化员工的团队意识。具体来说，班组长要在平时工作中有意创造员工间相互依存度高的工作环境和工作任务，即高依存度的任务目标、高依存度的工作流程、高依存度的结果绩效、高依存度的生活环境。

记忆的形成要经过三个阶段的处理，即感觉记忆、工作记忆和长期记忆。感觉记忆是将视觉、听觉、嗅觉、触觉和其他感觉信息保留不到 1 秒钟的时间，是一个稍纵即逝的阶段。工作记忆是从感觉寄存器中选择性地提取信息，然后将长期记忆中存储的信息进行关联，然后产生了意识，也就是工作记忆存储的信息。长期记忆是接受工作记忆信息，并且对意义产生了理解，能够存储很长时间甚至人的一生。

既然意识通过工作记忆产生体验，班组长就应该为员工创造高依存度的工作环境与条件，让员工在工作过程中产生认同、守信、责任、协作、互补、共享和共荣等团队意识体验，并变成长期记忆。在班组创造高依存度的工作环境与条件还有一个功能，即一部分员工参与高依存度的工作带来的积极效应，会给另一部分员工产生正面影响力，从而促使他们形成团队意识，吸引他们参与到高依存度的工作中来。

班组故事

设置高依存度工作环境，培育员工团队意识

随着老城区配电线路和设备的改造，负责供区设备检修任务、仅有 20 名员工的国家电网某供电公司客户服务中心也变得异常热闹起来了。为兑现 24 小时服务承诺，虽然实行了四班三转值班制，但是改造后的设备仅靠 2 人轮班巡视很难监控到位，既影响客户用电，又影响服务形象，同时还影响系统供售电量。为此，客服中心主任老赵召集大家一起商量解决现状的办法。

“设备增加了，人手不增加，怎么应付？”负责轮班巡视的小张问主任。

紧接着另一负责轮班巡视的大李抱怨道：“为什么抢修人员干了事情还要

受到客户指责，企业形象可是关乎我们每个人的利益的！”

大家怨声载道，争论不休，场面一度有些失控。

老赵站起来，大声道：“安静！安静！任务是重不少，困难很多，但是不要去埋怨，我把大家召集起来就是一起来动脑筋、想办法的，找到解决问题的出路。”

经过充分的讨论，大家认为最可行的办法就是对中心现有组织结构与人员进行重组，实行“全员巡视设备与专业检（抢）修相结合”的新型组合方式，即增强设备日常巡视人员力量，而使检（抢）修峰口分散并前移。针对新的组合方式，老赵总结道：“过去抢修是被动的，使得抢修队伍长期处于临战状态。新组合通过全员参与巡视，为设备可靠管理找到一条可行的办法与途径。”

问题来了，实行“全员巡视设备与专业检（抢）修相结合”有两个方面的要求：一是要求非专业人员的技术水平与设备专业管理要求相符合；二是要求全员巡视与专业检（抢）修相结合。老赵的办法是让大家在自愿组合的基础上进行人员搭配，成立若干个以解决问题为导向的工作小组，即负荷监测巡视小组、事故抢修小组、用电信息小组、物资采购小组等。明确规定对巡视发现的问题和隐患采取闭环管理，根据汇总情况分轻重缓急安排检修计划，检修结论由设备负责人验收完结。

新的组合方式开展初期并不顺利，有的员工认为自己所学专业与此相差甚远，有的员工认为自己从来没有从事与此相关的工作，还有的员工甚至认为这不属于自己的本职工作，因此产生了各种抵触情绪。老赵因人而异地做思想工作，让员工普遍理解新组合方式给工作带来的协调性与互补性，而且能实现个人负责与集体负责相统一，由此使大家产生目标认同感与凝聚力。他同时安排大李和小张针对非专业人员不熟悉巡视要领的现状，编写细化的巡视手册，并要求他们一对一指导大家熟悉巡视要点。由此，客服中心的学习气氛变得浓厚起来。

有一次，负荷监测巡视小组监测到城区某条线路异常，立即反馈给用电信息小组。用电信息小组在征得上级调度部门批准后，迅速向该区域客户发布停电短信通告。事故抢修小组接到抢修命令即刻整装出发，老赵在最短时间内带领大家赶到了抢修现场。经过奋战，大家终于将一台200千伏安的变压器安装完成，并实现成功送电。小区居民非常感动，纷纷伸出大拇指夸奖他们。

点　评

客服中心主任老赵立足于现实设置了高依存度的工作环境和条件，让员工在解决问题的过程中自然地产生了团队意识。

（1）在商讨过程中培育员工的团队意识

任何班组都存在着面向全体成员的整体性问题及困境。所以，要培育员工的团队意识，班组长首先要找准全体成员当前所面临的整体性问题，并由此召开全体成员参加的解决整体性问题的讨论会。召开全体成员参加的解决整体性问题的讨论会的意义在于：在讨论的过程中，哪怕出现争吵也是在培养员工的团队意识；商讨后，大家形成统一意见，自然产生凝聚力，同时产生团队意识。例如，班组故事中老赵针对班组面临的整体性问题召集大家一起商量解决现状的办法，其实质就是在培育员工的团队意识。

（2）用重组组织与人员的方式保证作业统一性，在统一性中强化员工团队意识

在这个班组故事中，老赵所设置的高依存度工作环境和条件是对中心现有组织结构与人员进行重组，实行“全员巡视设备与专业检（抢）修相结合”的新型组合方式，而且在自愿组合的基础上进行人员搭配，成立若干个以解决问题为导向的工作小组。这样的组合方式实质上就是团队性质的组合方式，在实践过程中也容易让员工自然形成团队意识。

（3）在工作实践中促进员工团队意识的自然形成

向员工强制灌输团队意识，能起到一时的效果，但不会长久。强制灌输是

人或者人为压迫所给予的，自然形成的灌输是高依存度的工作环境造成的规定性情境所给予的。例如，在这个班组故事中，负荷监测小组监测到城区某条线路异常后，各小组的一系列协作行为所体现出来的团队意识就是规定性情境所给予的，而不是老赵强制给予大家的。所以，班组长应该学习老赵依据现实设置高依存度的工作环境，在工作实践中促进员工团队意识的自然形成。

三、塑造团队精神

团队精神是人们对团队质的规定性所进行的主观把握与主观体验以及意义的理解，并产生自觉心理状态与心理活动。要塑造团队精神，班组长首先要让员工明白团队的性质，即团队质的规定性。团队质的规定性是凝聚力、忠诚与共享。

其次，班组长要与员工进行深度会谈与群体思考，确定符合本班组特点的凝聚力、忠诚与共享是什么，并把它们描述出来。每个班组都有它独特的精神状态。把班组独特的精神状态提炼和描述出来需要多次酝酿、反复探讨和长期实践，这也是塑造团队精神的过程。塑造团队精神的重点并不是准确描述出符合班组独特精神状态的内容，而是在组织员工进行深度会谈与群体思考的过程中所产生的凝聚力与忠诚度效应。

最后，塑造出的团队精神会成为班组的理念、愿景与使命，随之而来会产生创造性张力，引领着员工行为。班组长的重要职责是呵护员工的创造性张力，使之健康发展。

班组故事

将团队精神渗透到员工的行动中

王雪梅是一名普通的收取水费的营销员，她以自己热情的服务换来了用户的夸奖，塑造“一人如百人，百人像一人”的团队精神，把服务工作做到了极致。供水公司以王雪梅的名字命名了三个班组，即雪梅一班、雪梅二班和雪梅三班，成为企业服务的品牌形象。

团队精神之一：千方百计练技能，百难不倒。

雪梅班组对收费过程中遇到的实际情况和矛盾进行调查研究，提炼总结“六清六明”技能标准。六清：水质水压标准清、水表结构原理清、营销法律法规清、水与健康常识清、用户基本情况清、用户管网流程清；六明：收费指标要明确、岗位责任要明确、工作标准要明确、工作流程要明确、服务规范要明确、完成时限要明确。通过掌握“六清六明”技能标准，班组成员做到了没有他们敲不开的门，没有他们找不到的人，也没有他们解决不了的问题。“六清六明”的信息量非常大，营销员要对所负责的500多个用户的基本情况了如指掌，非下苦功夫不可。

为了达到这个标准，营销员夏颖把用户的基本情况制成“用户卡片”，卡片正面记载着户主姓名和楼号，左上角是电话号码，名字上方注明用户活动规律，右上角标明使用管道直饮水状况，用红、黑圆点注明男、女主人缴费的难易度。卡片背面是户主家庭成员的情况。夏颖每天把卡片带在身上，见缝插针记忆卡片上的内容。有一次，当一位外地人找不到亲戚正急得团团转时，正好碰到了夏颖。外地人刚刚说出亲戚的名字，夏颖马上就说出了门牌号码、工作单位和联系方式。那位外地人吃惊地说：“小同志，你怎么这么清楚哇？你是派出所的户籍警察吧！”现在，“户籍警察”成了用户送给营销员们的一个亲切称呼。

团队精神之二：千方百计服好务，百进不烦。

营销员每天要爬100多层楼房，重复几百遍规范用语，如果没有责任感和优质服务的团队意识，很难自始至终保持服务质量。为此，班组制定了服务行为规范和服务流程，如入户标准是站在单元门前要连续轻按单元门铃两下，如用户没有应答，间隔5秒再进行第二次操作；如第二次操作仍无回应，5秒后再按下一住户的门铃。入户敲门力度要适中，入户前先套上一只鞋套，单脚进入用户家，再套上另一只鞋套，并把用户的门轻轻关好。

某一天下午，营销员张晓杰敲开了一家用户的门。这里住着一对聋哑夫妇，张晓杰早就对他们熟悉了。这一次，张晓杰没像以前一样把水表读数和缴费数写在纸上，而是用手语与他们交流起来。张晓杰微笑着用手语表示："这个月你们家水费是10元5角，这是收据，请收好！今后，您有什么事需要我帮忙，不用客气，我是你们的好朋友。"这对聋哑夫妇顿时激动起来，很快做出手势说："你真好，欢迎常来我们家，你是我们家的好朋友。"这是为了扫除服务盲区，班组制定出"三语服务标准"（标准语、英语、哑语），使营销员能与一些特殊用户进行无障碍沟通。

点　评

雪梅班组塑造的团队精神已经渗透到员工的行动之中。

（1）用高标准作业规范塑造团队精神

塑造团队精神不是编制几句口号就可以完成的，而是要将团队精神转化为引领员工行为规范的制度安排，通过制度安排的规范行为，就能使员工体悟到团队精神。雪梅班组制定"六清六明"技能标准以及"三语服务标准"，就是通过制度安排规范员工行为、塑造团队精神的典型事例。

（2）通过制度安排引导员工行为

团队精神的塑造一定是在有共同价值观的基础上的，由班组长与员工经过多次酝酿、反复探讨并在实践过程中真正完成。把班组独特的精神内涵提炼并描述出来后，又能促使员工自觉行为，这才是对班组团队精神的真正塑造。雪梅班组不仅提炼并描述出了"千方百计练技能，百难不倒"等班组团队精神，而且将团队精神制度化，用来引导员工的行为，让员工在规范化的行为过程中体悟到团队精神，进一步促使员工自觉自愿行为，又深化团队精神。班组故事中营销员张晓杰在已经具有良好服务质量的基础上，又微笑着用手语与聋哑夫妇无障碍交流就是典型案例。

四、建立共同愿景

在进行班组团队建设时，必然要有一个全体班组成员衷心拥护的团队建设共同目标。这个共同目标应该是以价值观与使命感为基础，将个人愿景融入以形成巨大凝聚力的共同愿景。共同愿景是人们发自内心的意愿。它有着一股令人深受感召的力量，甚至能孕育无限创造力，召唤及驱使人们前进。

共同愿景包含的要素如下：愿景——想要创造的前景；价值观——我们的道德感受与道德判断，即行为的合理性；使命——组织存在的理由，即存在的趋向性；目标——期望在短期内完成的任务，即行为的方向性。

共同愿景对于班组团队建设之所以重要，是因为它具有凝聚人心的感召力。在建立和实现共同愿景的过程中，让员工创造性地进行团队建设是关键。只有当员工致力于实现他们深深关切的事情和具有使命感的愿景时，心灵契合的班组团队才有可能真正建立起来。

班组故事

“孔利明科技创新小组”的故事

宝钢股份公司运输部有一位小有名气的发明大王孔利明，他拥有70多项职务发明专利。在孔利明周围，还时常活跃着一群科技创新活动的爱好者。他们共同探讨技术、攻克难关，解决生产中出现的实际问题，取得了较好的效果和效益。公司工会为了进一步开展群众性经济技术创新活动，成立了“孔利明科技创新小组”。

创新小组成员来自不同车间的不同岗位。作为“孔利明科技创新小组”的带头人，孔利明深知每个人的力量有限，在小组成员的集思广益下，明确提出把“不断提升自我超越的创新能力，有效解决现场实际的生产问题”作为创新小组的工作目标及愿景。为能有效地实现这一团队愿景，孔利明又对每个成员提出了“一年之内必须有合理化建议和初级技术创新成果；两年之内必须有较大的技术创新成果；三年之内必须有技术专利产生”的个人愿景。同时，为促进创新小组成员共享科技知识资源，加速成员之间创新思维火花的碰撞，创新小组不定期地采取讲座交流、参观科技博览会、分场研讨学习和个人专题辅导等形式，增强创新小组成员的学习能力和创新能力。

有一天，小组成员老杨得到一个信息：冷轧厂成品库由于行车空调滴水，导致库内的成品卷表面经常被腐蚀而生锈，影响了产品整体质量。为此，他曾多次向有关部门反映，也想了不少办法，可问题一直没有得到解决。基于此，老杨对孔利明说：“创新小组能否去试试，看能不能解决？”孔利明一听，立刻带了几位组员到现场考察。大家爬上行车，仔细观察起空调及周边的环境来。对于创新小组成员来说，这是他们第一次进行跨部门领域的攻关，为此他们动足了脑筋。正当百思不得其解时，一份《雾中黄山》挂历让他们解开了谜团——如果利用机械振荡原理让水变成冷雾，在这么高温度的环境里，冷雾就会飘走。于是，他们利用这样的原理，做了一个蒸发器安装到行车上，使得结果多年的顽症得到彻底解决。

如今，“孔利明科技创新小组”已经从最初的 1 个扩展到现在的 18 个，成员也由初期的 7 人发展到现在的 139 人，成了名副其实的具有团队性质的科技创新小组。

点评

“孔利明科技创新小组”的成立源于愿景，成立本身及活动过程具有团队性质。

（1）在解决实际问题的过程中不断提升小组成员自我超越的创造能力

虽然每个人都有愿景，但在很多情况下，人们对自己愿景的认识是模糊的。在这种情况下，班组长要发挥引领作用，引导员工将自我超越的目标具象化，通过深度交流让每个人在心中形成一个准确的自我描述与定义。孔利明对每个成员提出了“一年之内必须有合理化建议和初级技术创新成果；两年之内必须有较大的技术创新成果；三年之内必须有技术专利产生”的个人愿景，就是引领成员将自我超越的目标具象化，以转化为实际行动。

（2）将个人愿景融入共同愿景

在班组进行团队建设时，将个人愿景融入共同愿景是必然要完成的一个过程。既然个人愿景的形成源自个人对自身愿景的深度关切，那共同愿景则必然来自班组成员共同的深度关切。借助于共同活动将个人愿景融入共同愿景是理想的形式。在活动过程中，个人愿景与共同愿景会自然融合，从而形成共同的深度关切。班组故事中孔利明带领几位组员为解决“行车空调滴水”这个共同关切的问题，有了一系列融合的共同行动。由此得知，个人愿景是建立共同愿景的基础，而共同愿景的建立又能产生远高于个人愿景所带来的创造性张力。

五、建构团队文化

从社会学角度来说，文化是人类在劳动与交流中创造的，也是人类群体或社会的共享成果，不仅包括思想、语言、知识、制度等非物质文化，还包括物质主体所反映的物质文化。因此，文化就是人们代代相传的整体生活方式，简而言之就是“文化就是生活方式”。

文化既然是生活方式，就一定是通过人的行为体现出来的。例如，一位在美国出生、生活的华人，如果他不说话或者不做事，我们体会不到他身上的美国文化；只有当他说话或者做事时，我们才能体会到他跟土生土长的中国人不一样的地方。从这个意义上理解，建构团队文化就是在我们已经塑造出来的价值观、团队意识、团队精神、共同愿景的基础上，建构班组成员团队式的职业生活方式与职业生活习惯。也就是说，要建构班组团队文化，班组长就需要对团队成员的行为进行培育，因为文化通过人的行为体现出来。

值得一说的是，中国人的班组团队文化具有独特性。中国人潜意识里存在群体价值本位意识，这种意识表现为由“家国同构”理念生发出来的家国情怀。所以，中国人在建构班组团队文化时，是在班组建构“家”，以形成具有家国情怀体验的团队文化，并在建构过程中活出生命的意义，即创造“我与我们的幸福生活”。

班组故事

大庆油田“四个一样”的企业文化

大庆油田是中国工业战线一面旗帜。大庆人不仅为国家创造了巨大的物质财富，还创造了光辉的精神财富。在发展过程中，大庆油田形成了独具特色的企业文化，其中“四个一样”更是大庆油田企业文化的精髓。

“四个一样”源于第一采油厂第二油矿五队5-65井组的故事。

初夏的一个中午，雨哗啦啦地下着，一个小时一检查的时刻到了。5—65井组学徒工刘玉智从值班房探出头来，问井长李天照：“井长，这雨下不长，等停了咱再去检查吧？”

李天照说了一声“不行”，就照常走了出去，在路上又语重心长地说：“小刘啊，岗位责任制就是岗位责任心，越是坏天气，越要按照制度办事。这应该定为咱们井组的一条纪律呢！”

这天夜晚，李天照冒雨来到井场，看到老张正拿着一把管钳，在井口细心地弯腰检查“采油树”的阀门。李天照走近跟老张说：“老张，你今天检查得挺严呀！”

张加祥没想到井长冒雨上井，答道：“井长，你不用操心啦。干活嘛，领导在不在，咱都是一个样！”

李天照井组的每一件设备都挂着牌，开动的设备挂“开”字牌，停转的设备挂“关”字牌。一天夜里，李天照悄悄上井，把套管阀门上的“开”字牌悄悄换成了“关”字牌。第二天一大早，他又去检查，看到夜班工作记录本上有一条写道：“夜 1 点，发现套管阀门挂错牌，应该把‘关’挂成‘开’。”李天照笑了，夜班工人一见他笑，自己也笑了，还说：“咱是没啥含糊的，查不查都是一个样。”

“坏天气和好天气干工作一个样；夜班和白班干工作一个样；领导不在场和领导在场干工作一个样；没有人检查和有人检查干工作一个样”——这就是李天照井组的“四个一样”。经过总结推广，“四个一样”很快在油田里传播开来了。李天照井组管的虽然是一口地处油田边缘的油井，但自投产以来，井场未发生过一次事故，井场设备的 863 个焊口和 170 多个阀门没有一个漏油漏气，井场使用过的大小工具无一损坏丢失，记录的上万个产量和压力等数据经反复检查后无一差错。油井长期安全生产，月月超额完成任务。

“四个一样”被写入当年颁布的《中华人民共和国石油工业部工作条例（草例）》，作为工作作风的主要内容之一。

点　评

继承和传承大庆文化，是中国工人阶级的班组长义不容辞的责任与使命，在班组建构团队文化的过程中应该将其发扬光大。

（1）在实践中构建团队文化

“四个一样”的故事是建立在大庆人的主人翁思想基础之上的，其实质就是一种高度的自律精神所体现的团队文化。只要班组成员具有良好的职业习惯，各项制度就能得到切实贯彻，各项工作就能得到扎实开展。以优秀的团队文化为基础，即使一个人单独执行工作任务，干出来的事情也能非常好。团队文化在实践中建构，又在实践中完善和升华。

（2）建构属于中国人特有的班组团队文化

相较于西方人，家国情怀是中国人生命和文化的典型特征。大庆人“宁肯少活二十年，拼命也要拿下大油田”，就是中国人家国情怀的生动体现。中国人的班组团队文化也应该是中国文化的产物。所以，在班组建构团队文化时，首先要让员工在班组具有“家”的情感体验。在具有“家”的情感体验的基础上，引入劳动的意义——建设国家，创造“我与我们的幸福生活”，从而让员工生发出家国情怀的情感体验。所以，班组团队文化要立足于中国人的精神力量来建构。

本章思考题

1. 什么是员工的价值观？试讨论班组的价值观如何影响员工的价值观。

2. 什么是培育团队意识？试讨论如何设置高依存度的工作环境。

3. 如何塑造团队精神？试讨论团队精神的重要性。

4. 什么是建立共同愿景？试讨论如何将员工的个人愿景融入班组的共同愿景。

5. 如何建构团队文化？试讨论中国班组团队文化中的家国情怀。

参考文献

1. 全总经济工作部 . 工会群众生产技术工作教材［M］. 北京：专利文献出版社，1997.

2. 苏东水 . 管理心理学［M］. 上海：复旦大学出版社，2002.

3. 芮明杰 . 管理学：现代的观点［M］. 上海：上海人民出版社，2005.

4. 王瑞祥 . 现代企业班组建设与管理［M］. 北京：科学出版社，2007.

5.［德］卡尔・马克思著，中共中央马克思恩格斯列宁斯大利著作编译局译 . 1844 年经济学哲学手稿［M］. 北京：人民出版社，2000.

6.［美］贝斯特著，黄希庭译 . 认知心理学［M］. 北京：中国轻工业出版社，2000.

7.［美］班杜拉著，林颖译 . 思想和行动的社会基础：社会认知论［M］. 上海：华东师范大学出版社，2001.

8.［美］罗宾斯著，孙健敏、李原等译 . 组织行为学（第七版）［M］. 北京：中国人民大学出版社，2002.

9.［美］彼得・圣吉著，郭进隆译 . 第五项修炼：学习型组织的艺术与实务［M］. 上海：上海三联出版社，2003.

10.［美］戴维・波普诺著，李强译 . 社会学（第十版）［M］. 北京：中国人民大学出版社，2003.

11.［奥］弗兰克尔 . 追寻生命的意义［M］. 北京：新华出版社，2003.

12.［美］莫斯利、麦根森、彼特瑞著，刘庆林译．督导管理——授权和培养员工的艺术（第五版）［M］．北京：人民邮电出版社，2003.

13.［美］戴维・迈尔斯著，张智勇等译．社会心理学（第八版）［M］．北京：人民邮电出版社，2006.

14.［美］莱斯利・鲁、劳埃德・拜厄斯著，李国鑫译．员工监管——提高生产力的有效途径（第八版）［M］．北京：北京大学出版社，2006.

15.［美］菲利普・津巴多等著，王佳艺译．普通心理学（第五版）［M］．北京：中国人民大学出版社，2008.

16.［美］伯格著，陈会昌等译．人格心理学（第七版）［M］．北京：中国轻工业出版社，2010.

17.［日］关田铁洪．精益落地之道——关田法［M］．北京：机械工业出版社，2020.

18.［日］关田铁洪．5S 落地之道——关田法［M］．北京：机械工业出版社，2021.

后　记

21 世纪初在武昌洪山宾馆，在中国工业经济部门任职的姚洪杰和在国有特大型企业担任高管的樊政炜两位恩师兼兄长与我交流。通过自己的工作实践，他们深切地感受到中国企业基层管理的薄弱，特别是在企业的一线管理者——班组长身上更为明显，因为他们大多没有受过系统的管理理论训练。两位兄长建议我将注意力投向中国企业基层管理的学习与研究。在他们的引领下，我进行了大量阅读，花了近两年时间将西方经典管理理论浓缩成了 90 个知识点，形成了《企业基层作业单位（班组）管理与建设》的框架结构与知识要点。而后我将此体系内容印制成调查问卷，在武汉钢铁集团、齐鲁石化等公司的几百位班组长中征询意见，得到了良好的反馈和充分的肯定。最终，以此体系内容为基础，我参与了由国务院国资委主导编写的《现代企业班组建设与管理》一书的写作工作。由此，我走上了一条学习与探索中国企业基层管理的路。

对我来说，《新时代班组长履职能力开发与建设》的写作是在新时代班组长“回归基础再前行，提升素养向未来”理念下的一次新的创作尝试。全书由我先确定写作指导思想、框架结构与知识要点。在此基础上，冯娟完成了“第 1 篇 · 学习能力”的写作，张浩亮完成了“第 2 篇 · 技术能力”的写作，我完成了导论和“第 3 篇 · 管理能力”的写作，同时我还负责统稿。

这本书能最终付梓，首先要感谢中国工人出版社的耐心与坚持。如果没有他们的耐心与坚持，我和编委会团队是很难坚定信念和信心来完成此次写作任务的。其次要感谢编委会团队的全体同人和《现代班组》杂志社，大家为完成本书从各自角度贡献了集体智慧，提供了集体支持。最后还要感谢我的家人对我们写作的支持和帮助。

期待《新时代班组长履职能力开发与建设》的出版，对建构具有中国特色的企业基层管理理论体系、促进新时代班组长履职能力开发与建设、夯实与提升中国企业基础管理有所帮助和推动。

由于时间和水平有限，尽管我们为完善书稿付出了最大努力，书中仍难免有不足之处，恳请读者批评与指正。

周和平

2023 年 3 月 25 日